Sistemas de Gestión de Seguridad de la Información (ISO 27001:2022)

ICB Editores (Interconsulting Bureau S.L.)
C/ Flauta Mágica, 1 local 1B
P.I. Alameda 29006 – Málaga. España
Tfno: (+34) 952 28 87 67
info@icbeditores.com
www.icbeditores.com

Sistemas de Gestión de Seguridad de la Información (ISO 27001:2022)
Autor: José Manuel Cortés

1ª edición, 09/2024

ISBN: 978-84-19720-27-6

Impreso en España - *Printed in Spain*

Código: MAIC005011

C.20230330104138 - M.20240923114656

ÍNDICE

1. Sistemas de Gestión de Seguridad de la Información (ISO 27001:2022)

MÓDULO

1. Sistemas de Gestión de Seguridad de la Información (ISO 27001:2022)

Contenido del Módulo

ICB
EDITORES

UNIDAD

1.1. Introducción a la Seguridad de la Información

Contenido de la Unidad

- Introducción
- Ciberseguridad
- Organización Internacional para Estandarización
- ISO 27001 Sistemas de Gestión de Seguridad de la Información
- Resumen

ICB
EDITORES

1. Introducción

Partiendo de la década de 1980 se ha venido produciendo un proceso en que la Humanidad se ha visto implicada por el que la vida pública ha cambiado radicalmente y a una velocidad nunca antes vista. Esto ha sido provocado por el desarrollo de las llamadas Tecnologías de la Información y Comunicación (TIC). A poco que se evalúen los cambios producidos, es posible ver que este proceso ha producido una mutación en la apreciación de nuestra propia historia, sobre nosotros mismos e incluso la forma de interpretar las posibilidades que afrontamos como especie de cara al futuro.

Esta evolución ha modificado desde el lenguaje usado, que ahora incluye infinidad de nuevos conceptos muy populares, acompañados de nuevas palabras e ideas, que hasta hace unos pocos años eran desconocidas en incluso inexistentes. Es, dentro de este ámbito de cambio de modelo humano, una parte esencial para profundizar en él la Seguridad de la Información para desenvolverse en las TIC y en general dentro de la Sociedad de la Información del presente siglo.

En primer lugar, sería conveniente hacer una aclaración importante: es necesario diferenciar el concepto Seguridad de la Información del de Seguridad Informática. Esto es que el primero hace referencia a la protección y salvaguarda de la información de un ente (individuo, organización, organismo, etc.) y el segundo a los datos de un sistema informático.

En consecuencia, en referencia a la Seguridad de la Información de una persona o ente, es importante que esta esté protegida y salvaguardada bajo medidas de seguridad adecuadas.

En resumen, la Seguridad de la Información es el área del conocimiento útil para guardar la confidencialidad, la integridad y la posibilidad de recuperar esta información a la que afecta esta seguridad; además del sistema de tratamiento que sirve de medio para operar con estos datos.

La Seguridad de la Información se basa en tres principios esenciales:

- ⇨ Integridad: Hay que proteger la exactitud del conjunto de la información y de sus sistemas de procesamiento.
- ⇨ Confidencialidad: Hay que asegurar que la información esté vetada a procesos de información, personas o entidades ajenas a las afectadas.
- ⇨ Disponibilidad: Los sistemas de Seguridad de la Información deben ser garantes del acceso y uso de la información y los sistemas de tratamiento de la misma por parte de sus usuarios autorizados.

1.1. Antecedentes e Historia de la Seguridad de la Información

De lo propuesto en las líneas superiores, es fácil llegar a la conclusión de que La Seguridad de la Información no es un invento de nuestros días y por tanto no es exclusiva de la informática en tanto el tratamiento del término Información es absolutamente genérico. Este concepto ha estado ligado desde la primera expresión humana, en el arte rupestre, por ejemplo, donde se trataba de transmitir conceptos de forma que pudieran ser interpretados por otros individuos y aportaban datos importantes sobre la zona, el colectivo, la caza y otros ámbitos de interés.

Por este motivo, en la elaboración del presente manual, hemos decidido incorporar una serie de momentos de especial interés que reflejarían el interés ancestral en la protección de la Información en un recorrido histórico que podemos sintetizar en más de 3000 años de historia:

- 1500 aC: Se encuentra una tabla de Mesopotamia en la que se grabó una fórmula cifrada para la realización de vidriados cerámicos.
- 500-600 aC: Libro hebreo de Jeremías. En este ejemplo, se realiza una fórmula de codificación de información consistente en invertir el alfabeto.
- Siglo V aC: Uso de la escítala, una especie de vara en la que se enrolla una cinta de cuero o papiro para el cifrado y descifrado de mensajes teniendo como referencia el diámetro de la vara. Método usado por Esparta

- 50-60 aC: Julio César usaba un sistema de protección de información sustituyendo el alfabeto.
- 855 dC: en Arabia se constata el primer texto conocido de criptografía.
- 1412: Publicación de una Enciclopedia de Criptografía y diversas técnicas de sustitución y transposición.
- 1500: Inicio de la Criptografía en diplomacia, en Italia.
- 1518: Primer libro europeo de Criptografía "Polygraphia libri sex" de Trihemius escrito en alemán

- 1585: Publicación de “Tractie de chiffre” de Blaise de Vigenere donde se incluye el Cifrado de Vigenere.
- 1795: Thomas Jefferson inventa la Rueda de Jefferson, primer dispositivo conocido de cifrado cilíndrico.
- 1854: Charles Wheatstone crea el cifrado de matriz (5x5) posteriormente conocido como Cifrado Playfair.
- 1833: Publicación de “La Cryptographie militaire” de Auguste Kerckhoff
- 1917: Desarrollo de la cinta aleatoria de un solo uso.
- 1918: Patente de la máquina de rotores “Enigma”, diseñada por el alemán Arthur Scherbius. Su uso se comercializaría en 1923.
- 1929: Publicación de “Cryptography in an Algebraic Alphabet”, de Lester Hill, que contiene el Cifrado de Hill.

- 1973: El uso del “Modelo Bell-LaPadula”, que formaliza las normas de acceso a la información clasificada,
- 1973-76: Difusión y uso de Algoritmos de cifrado de llave pública o llaves criptográficas.
- 1977: Creación del “Algoritmo DES” (Data Encryption Standard), por parte de IBM en 1975.

- 1979: Desarrollo del “Algoritmo RSA”, por parte de Ronald Rivest, Adi Shamir y Leonard Adleman.

Como podemos ver, la historia de la Seguridad de la Información es larga y aquí solo hemos querido poner algunos ejemplos. Evidentemente, con la llegada de la Informática los procedimientos de codificación se han vuelto cada vez más complejos. Asimismo, con la era de internet y su uso masivo, se ha hecho necesaria una complejidad nunca vista hasta ahora dada la cantidad y variedad de datos que, de no tener una adecuada protección estarían al alcance de cualquiera, sean cuales sean sus fines.

2. Ciberseguridad

2.1. Historia y Evolución

Primeros ordenadores en red

El nacimiento de la Ciberseguridad tiene como origen la conexión de los equipos informáticos y la aparición de las primigenias redes de computadoras. Esto ocurre en 1950 y surgen en torno a los sistemas militares que pretendían dar una respuesta lo más inmediata posible a situaciones bélicas o potencialmente indeseables y se implementan las primeras redes informáticas de gran alcance y los primeros módems. Es en 1960 cuando la Ciberseguridad empieza a configurarse de la forma raíz que tiene actualmente. Hay que dejar muy claro que el origen de toda esta tecnología es militar y sobre ella, buena parte de la infraestructura que actualmente condiciona nuestro mundo tiene su base en la Guerra Fría.

Teniendo esto en cuenta, hay un hito que marca claramente la evolución de la Ciberseguridad: La invención de Internet. Antes de su aparición, la única forma de copiar, modificar, destruir o dañar un soporte de información era tener acceso físico al mismo, simplificando su protección ya que únicamente era necesario proteger el sitio donde este soporte se encontrase. Tras la creación de Internet a finales de la década de 1960 nace el ciberespacio y con él, la aparición de los ciberdelincuentes, es decir, la posibilidad de acceder a estos soportes y realizar cualquier práctica que antes exigía el acceso físico al mismo.

Es en la década de 1960 cuando las empresas empiezan a hacer uso de la web, de manera que un foco de atención principal fue el control del acceso a los datos de sus sistemas. De las primeras medidas de protección de la información, nos encontramos con el Procesamiento de Períodos, con el que se separaban las actividades por partes y los usuarios tenían acceso por un tiempo limitado a la información y esto.

- **El primer "atacante"**

  Ya en 1972 se desarrolla el programa informático "Creeper" (Bob Thomas Morris) que permitía saltarse el procesamiento de períodos, permitiendo a usuarios ajenos el acceso a la red de Arpanet (primera red de computadoras). Este primer virus atacó una máquina IBM 360, provocando la emisión de una pantalla de mensaje "I'm a creeper, catch me if you can" (Soy una enredadera, atrápame si puedes).

- **El primer "defensor"**

  Como réplica la creación Creeper, Ray Tomlinson creó Reaper, un programa específico de búsqueda y eliminación de creepers. Es por tanto el primer programa anti malware constatado de la historia y con capacidad de autorreplicado, esto es, el primer virus y a partir del mismo fueron creados los primeros troyanos y gusanos informáticos.

- **Los primeros antivirus**

  Es en 1987 aparecen los primeros programas antivirus comerciales para todos los públicos, ya que los ataques se habían extendido a ordenadores personales.

Un nombre propio supuso un antes y un después en el mundo de la Ciberseguridad. Este es el estadounidense Wendell Brown que fundó WalkSoftly en 1996 lanzando los primeros programas de ciberseguridad para el mercado masivo. Su herramienta más vendida fue Guard dog, siendo uno de los productos de mayor venta a nivel mundial.

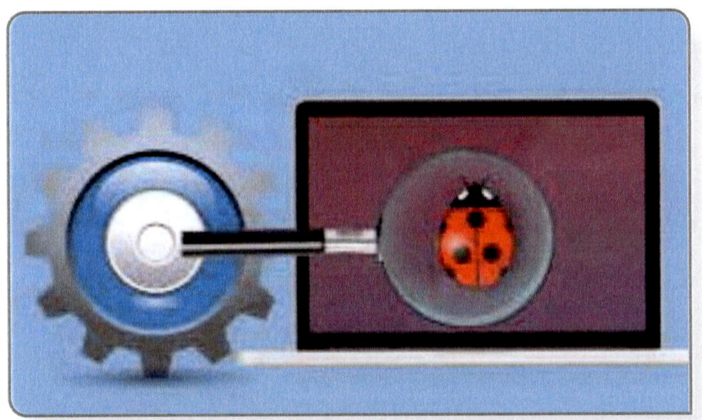

- **La democratización de la informática**

Microsoft actualizó sus sistemas operativos lanzando diversas versiones de su Windows para adaptarse a la demanda de usuarios domésticos, sacando al mercado Internet Explorer, que fue durante largo tiempo el navegador más usado.

Estos lanzamientos coincidieron con el abaratamiento de los equipos informáticos y con la relativa uniformización que produjo Microsoft en los ordenadores mundiales, ya que, aunque había otras opciones, los usuarios domésticos se decantaron por la empresa californiana para hacer operativos sus computadores.

Además, el acceso a Internet se volvió más común a nivel mundial puesto que los puntos de acceso en casa facilitarían la profusión de equipos y su uso en la red de redes. Esto, unido a la posibilidad del uso del correo electrónico de forma gratuita, posibilitó en algunos casos el teletrabajo.

Es en este momento que la sociedad comenzó una conexión digital que a día de hoy dicta las relaciones humanas.

- **El email**

De las primeras funcionalidades de las que pudieron disfrutar los usuarios de internet fue el correo electrónico, ya que antes de este momento, enviar información de cualquier tipo dependía, para el común de las personas, del correo o del fax, lo que suponía una revolución en tiempo y costes de envío.

Evidentemente, la acogida fue muy buena tanto por parte de los usuarios, como de otra parte menos bien pensante; los ciberdelincuentes vieron rápidamente las oportunidades de lucrarse de este nuevo tráfico de información y de vulnerabilidad de la información de los usuarios.

En 1999 se produjo uno de los ataques de mayor impacto y costo de la década con el virus Melissa que se propagó por buena parte de la población de direcciones de correo electrónico. Su modus operandi era el envío de un email con el asunto "Mensaje importante" con un archivo list.doc adjunto con dicho virus. Al abrirse el archivo, el malware comenzaba su trabajo causando problemas en el equipo y reenviándose a otros usuarios.

Este incidente planteó que la propagación de malware se producía de forma más rápida que nunca y que los protocolos de seguridad eran insuficientes e inadecuados al entrar en juego la ingeniería social ya que la curiosidad del usuario ante el mensaje "importante" puenteaba la capacidad del antivirus de turno

- **Crecimiento de la ciberdelincuencia**

Desde 2000, la incursión de organizaciones criminales en internet, unido a la ubicuidad de esta red en los hogares a nivel mundial hizo que se generalizasen los ataques cibernéticos profesionales. Es entonces cuando los gobiernos de los países comienzan a tomar medidas duras contra la ciberdelincuencia. Es en este momento cuando la Seguridad informática tiene un desarrollo más rápido, teniendo también una competencia cada vez más eficaz y eficaz, y por ello peligrosa.

Para tratar de luchar contra la ciberdelincuencia se crea en EEUU la División Nacional de Ciberseguridad asumiendo que el ciberespacio era una cuestión de interés nacional e incluso global.

- **Primeros antivirus gratuitos**

Las empresas de ciberseguridad decidieron competir lanzando antivirus con versiones gratuitas aprovechando la creciente demanda de software de este tipo, que eran ampliables a versiones de pago en cualquier momento y que permitían familiarizarse con un software relativamente efectivo en su versión gratuita.

- **Nuevas opciones de protección**

A mediados de los 2000 salen nuevos productos de seguridad como las VPN. Los servicios VPN son aplicaciones que permiten a los usuarios cifrar los datos que envían y reciben en línea.

Aún con las nuevas herramientas, que permitían una mayor seguridad, se vio que la mayoría de usuarios no querían usarlas dado el gran volumen que ocupaban en los dispositivos, por lo que desde 2007 las principales empresas de antivirus pusieron en el mercado soluciones basadas en la nube. Esta aparición no pudo ser más oportuna dada la aparición de los smartphones y las redes sociales que hacían que la conectividad global fuese mayor y con ella la vulnerabilidad de los usuarios.

- **Ciberguerra**

Se hacen evidentes los movimientos bélicos en el ciberespacio, donde los sistemas militares también son puestos a prueba. Tal es el caso del ataque de 2010 a la red informática del programa nuclear de Irán de Stuxnet con un presunto origen estadounidense e israelí.

Este tipo de ataques se vienen produciendo y aportan un nuevo panorama en la defensa de los propios países, ya que no es posible demostrar de forma irrefutable el origen de los ataques a los sistemas propios.

El debate sobre la privacidad

Con la nueva realidad de las redes sociales y con un mundo hiperconectado, a partir de 2010 vemos un incremento en el interés de las personas sobre la recopilación de datos, ya que corporaciones como Facebook o Google acopiaban grandes cantidades de información de sus usuarios, la cual usaban para producir publicidad personalizada y de alguna forma mercadear con los datos personales de sus usuarios.

La regulación de los gobiernos era insuficiente y el juego con los datos de los usuarios era un negocio sin apenas barreras legales. En respuesta a esta situación, durante la década de 2010, aparece el nuevo producto estrella, los softwares de privacidad. Con esta toma de conciencia, los usuarios han aumentado el consumo de herramientas de VPN, limitando de esta forma la recopilación de datos por parte de las grandes empresas.

La década de 2020 y más allá

El estallido de la pandemia COVID-19 a principios de 2020 tuvo un profundo impacto en la evolución de la ciberseguridad y la privacidad de los datos.

Todas las personas estaban ahora conectadas a internet, y con las órdenes de trabajar en casa vigentes en muchos países, las organizaciones de todo el mundo se dieron cuenta de que sus empleados podían trabajar a distancia, asistiendo a reuniones online sin pisar nunca una oficina.

El cambio al trabajo a distancia dio lugar a que millones de personas se conectaran a las redes y bases de datos de las empresas desde sus propios hogares, a menudo utilizando sus dispositivos personales. Fue una oportunidad de oro para los piratas informáticos, que lo tuvieron mucho más fácil para atacar los ordenadores personales y los smartphones de la gente que si esas mismas personas hubieran utilizado dispositivos de trabajo cargados con software de seguridad.

Desde 2021, la Ciberseguridad ha crecido exponencialmente. Algunas fuentes estiman que para 2026 el volumen de mercado de las empresas de este ramo se situará en los 345 mil millones de dólares. De cara al futuro los expertos afirman que la Seguridad Informática seguirá creciendo, haciendo especial hincapié en los países con un desarrollo menor, que actualmente suponen una fuente de ataques al resto del mundo. Los tipos de amenazas con más desarrollo en los próximos años serán ransomware, ataques en redes sociales, phishing y otros tipos de ataque.

A cambio, tendremos un aumento de la protección y prevención contra los ciberataques a nivel empresarial, mejorando en diversos campos como las redes, software y dispositivos, herramientas de análisis del comportamiento y detección de errores de red. Así mismo parece que las grandes organizaciones como aseguradoras, gobiernos, organismos internacionales van a tener una tendencia a la unión frente a los ataques y en favor de la protección de los datos propios y de los usuarios.

- **Guardianes de la IA**

La inteligencia artificial (IA) ya está desempeñando un papel clave en este espacio, que no hará sino aumentar con el paso del tiempo. Gracias a un proceso llamado aprendizaje profundo, los sofisticados sistemas de IA pueden mejorar continuamente sus procesos de detección de amenazas, captando sutiles indicadores de riesgo que un ser humano nunca sería capaz de identificar por sí mismo.

En el futuro, es probable que la ciberseguridad se convierta cada vez más en responsabilidad de los sistemas de IA de aprendizaje profundo, robots de software autodidactas. Es posible que el ciberespacio acabe siendo patrullado por guardianes de la IA con suficiente capacidad de procesamiento para predecir y comprender las amenazas en línea de formas casi incomprensibles para nosotros.

2.2. Fundamentos de la Ciberseguridad

En primer lugar, hay que definir el concepto de "cibernética": que es un campo de estudio relacionado con los sistemas de comunicación, así como del control y el flujo de información.

A partir de aquí, la ciberseguridad aglutina lo relacionado con la seguridad informática, de internet y las redes. Todos los sistemas y dispositivos desconectados son incluidos en este campo, aunque la mayor parte de los ataques son sufridos por dispositivos conectados a la red. Es la función de la ciberseguridad, proteger los datos de accesos no autorizados.

La ciberseguridad tiene como base la lucha contra los ciberataques. En su mayoría estos ataques consisten en el intento de interferencia de alguien en el normal funcionamiento de una red, dispositivo o sistema informático, incluyendo el acceso a partes de las mismas sin autorización.

Un ejemplo de ataque a una red sería los de tipo DDoS donde los servidores se inundan con tráfico inflado artificialmente, lo que produce una caída de un sitio web. En el caso de ataques a dispositivos concretos, tenemos el acceso no autorizado de un hacker para robar los datos de del equipo que los aloja.

Hay que definir, para entender la ciberseguridad, otros términos como:

- Malware: Es cualquier software creado para un fin malicioso. Hay infinidad de variantes (programas espía, secuestradores de navegador, virus autorreplicantes…) y su variedad no deja de crecer.

- Lo más común es que su instalación se produzca sin conocimiento ni consentimiento de la víctima. En ese momento se activa la rutina que tiene programada. (robar datos, cifrar archivos o habilitar el control remoto del dispositivo)
- Son virus, troyanos o ransomware los tipos más conocidos.
- Cifrado: Proceso de codificación que concluye en un código indescifrable para impedir que el acceso no autorizado se produzca. Para ello se crea una clave digital que permite al usuario autorizado el acceso normal a sus datos.
- Como hemos visto anteriormente, el cifrado se lleva realizando desde hace muchos años con la Criptografía.
- Este proceso, actualmente depende de protocolos integrados en el programa que encripta. Estas reglas sirven para codificar de una forma definida los datos, la clave para descifrarlos y como se realiza todo el proceso.
- Software de ciberseguridad: es aquel que protege de amenazas e intrusiones en línea. El tipo más común es el antivirus o antimalware.

- Estos programas limitan bastante los riesgos en línea bloqueando el acceso a webs conocidas por contener malware, escaneando los dispositivos en busca de archivos peligrosos o no deseados y automatizarse para funcionar de forma independiente de la acción humana.

El pilar central de la mayoría de este tipo de software es una lista de bloqueo, consistente en una base de datos formada por listas de amenazas conocidas. Ya sean sitios web o tipologías de archivos peligrosos, o incluso actividades sospechosas, el software antivirus se implementa regularmente con nueva información que permite una protección actualizada. Este software, al detectar alguna de estas informaciones de su base de datos, ejecuta acciones para neutralizar la amenaza.

3. Organización Internacional para Estandarización

a Organización Internacional de Normalización (ISO: International Organization for Standarization) es una organización independiente y no-gubernamental formada por las organizaciones de normalización de sus 167 países miembros. Es el mayor desarrollador mundial de estándares internacionales voluntarios y facilita el comercio mundial al proporcionar estándares comunes entre países.

Se han establecido miles de estándares cubriendo desde productos manufacturados y tecnología a seguridad alimenticia, agricultura y sanidad.

3.1. Las Normas ISO

Son un grupo de normas orientadas a la gestión de las organizaciones, ya sean privadas o públicas. Son de carácter voluntario, pero su alto grado de exigencia, aportan a la organización que los tiene implantados una garantía de buenas prácticas y un plus de calidad en su trabajo. Por ello, suponen una mejora competitiva en cualquiera de los campos en los que se desarrolle su actividad.

Estas normas tienen un alto reconocimiento a nivel internacional y permiten a las organizaciones, conocer de antemano como son los procesos que desarrollan las otras organizaciones que las tienen implantadas.

En general, las normas ISO ofrecen orientación, coordinación, simplificación y unificación de criterios con el objeto de reducir costes, aumentar la eficiencia de la organización en la producción de productos y servicios.

Las normas ISO aportan diversas ventajas a las organizaciones:

⇨ Aportan elementos para que estas puedan llegar a tener y mantener unos mayores niveles de calidad de producto y servicio.

⇨ Permiten satisfacer necesidades y expectativas de los clientes.

⇨ Permiten reducir costos y mejorar la productividad.

⇨ Aportan ventajas competitivas.

⇨ Reducen las incidencias y devoluciones de bienes servicios producidos.

⇨ Producen una mejora continua.

⇨ Abren vías para acceder a trabajar con un mayor número y de mayor tamaño de clientes.

⇨ Aseguran el cumplimiento legal.

Las familias ISO

Como ya comentábamos, las normas ISO son muy numerosas y diversas, aunque es conveniente tener unas referencias un poco más globales que se podrían agrupar en 3 grupos:

- Gestión de Calidad

  Se trata de normas que tienen como objetivo la operativa de las organizaciones para asegurar los estándares de calidad de los productos y servicios que producen.

SISTEMAS DE GESTION DE CALIDAD	SECTORES
ISO 9001	TODOS
ISO TS 16949	AUTOMOCION
ISO / IEC 15504	Calidad del SOFTWARE
ISO / IEC 17025	LABORATORIOS DE ENSAYO Y CALIBRACION
ISO / IEC 20000	Calidad de los SERVICIOS TI (Tecnologías de La Información)

- Gestión medioambiental

  Son una herramienta que permite aclaras enormemente las pautas a seguir para que las organizaciones realicen sus actividades cuidando de que su impacto medioambiental se minimice lo máximo posible. Implica el cumplimiento de la legislación vigente a todos los niveles y el compromiso con la mejora continua.

SISTEMAS DE GESTION MEDIOAMBIENTAL Y SOSTENIBILIDAD	SECTORES
ISO 14001	MEDIO AMBIENTE
ISO 50001	Gestión de la ENERGÍA

- Gestión de riesgos y seguridad

  Cada una de estas normas aportan herramientas específicas en materia de protección sobre Seguridad alimentaria, Seguridad y Salud en el trabajo, o Seguridad de la información entre otras.

SISTEMAS DE GESTION DE LA SEGURIDAD	SECTORES
ISO 18001 OHSAS	**Seguridad y Salud de los TRABAJADORES**
ISO 27001	**Seguridad de la INFORMACIÓN**
ISO 22000	**Seguridad en el Sector de la ALIMENTACIÓN**

Esta organización internacional es un referente en normalización, es decir en la creación de normas para el desarrollo de sistemas que garanticen en cada campo el buen funcionamiento de las organizaciones. Desde las más conocidas ISO 9001 de Calidad, pasando por las ISO 14001, son normas de referencia reconocidas a nivel mundial, traspasando barreras geográficas, ideológicas y políticas y con un rendimiento contrastado. Además, mantienen un proceso de adaptación y mejora permanente que las hace adaptarse a los cambios en el contexto de cada momento, cada zona geográfica.

En el sentido que nos atañe, ISO ha desarrollado la norma ISO 27001 sobre sistemas de gestión de Seguridad de la Información.

4. ISO 27001 Sistemas de Gestión de Seguridad de la Información

A nivel introductorio la norma ISO 27001 persigue la mejora del cumplimiento de los requisitos de protección de datos, así como reducir los riesgos relacionados con la información personal identificable.

Los sistemas ISO tienen la cualidad, entre otras, de permitir la certificación de los sistemas de gestión de la Seguridad de la Información, demostrando el compromiso de las organizaciones que los implementan de gestionar y proteger de forma proactiva la información que guardan, así como del cumplimiento de los requisitos legales. La norma ISO 27001 detalla requisitos necesarios para establecer, implantar, mantener, supervisar y mejorar el sistema de gestión de la seguridad de la información de una organización.

4.1. Historia de la Norma ISO 27001

La norma ISO 27001 tiene como origen la necesidad de homogeneizar los mecanismos de Gestión de la seguridad de la información y nace de manos de ISO en 2005.

Los orígenes primigenios de esta norma vienen de 1901 cuando British Standards Institution comienza la publicación de las normas BS. Estas normas serán origen de las actuales ISO. Concretamente la ISO 27001 se deriva de la BS 7799-1 de 1995 y suponía un compendio de buenas prácticas realizadas por las mayores empresas británicas que trataban el asunto de la Seguridad de la Información. En este punto se podría decir que eran el equivalente a una recopilación de consejos y buenas prácticas, pero no permitía la certificación de estos sistemas.

En 1998 aparece la BS 7799-2 y se establecen los requisitos para establecer un SGSI, aportando el concepto de certificable, aunque no aplicable para los sistemas.

Es a partir de 2000 cuando ISO se interesa por este campo y desarrolla la ISO 17799.

No es hasta 2005 cuando aparece la ISO 27001, renombrando la anterior 17799 y aportando la posibilidad de certificar los SGSI.

Ya en 2007 sale la nueva edición que sería definitiva en 2009 con modificaciones y documentos adicionales. En el caso de España la norma se denomina UNE-ISO/IEC 27001:2007, lo que precisa su traducción al español de España.

En 2013 se publica la revisión de la norma que implica cambios en la estructura, así como en la evaluación y tratamiento de los riesgos.

La última edición de la norma, siendo la vigente a día de hoy es de 2022 en la que se ha implementado la estructura de alto nivel. Esto implica que atiende a un modelo normalizado a la hora de la implantación de normas ISO permitiendo la integración de diversas normas de gestión en un solo sistema sin necesidad de generar información duplicada. Además de esta nueva estructura se han eliminado la cantidad de documentación necesaria y obligatoria, lo que aporta un enfoque a procesos mucho más flexible y una liberación del aparato documental muy significativa.

4.2. La norma ISO 27001

Es la norma internacional para los sistemas de Gestión de la Seguridad de la Información, a partir de ahora SGSI.

Esta norma permite una serie de ventajas:

- Orienta a la organización a establecer políticas y objetivos de gestión de la seguridad de la información y aporta directrices para la gestión de aspectos importantes, aplicar controles y establecer objetivos claros para la mejora de la seguridad de la información.
- Facilita en cumplimiento de los requisitos legales aplicables comprobando regularmente el estado de cumplimiento de los mismos. Con ello es posible

atajar las vulnerabilidades y asegurar la protección.

- La atención a la seguridad de la información es integral, practicándose vigilancia desde la información digital, pasando por los documentos en papel, hasta la infraestructura y los recursos. Asimismo, se tienen en cuenta la competencia del personal y a protección técnica de los sistemas.
- Permite la compatibilidad y armonía con otras normas de gestión ISO dado que estas están estructuradas y pensadas para integrarse entre sí.

Utilidad de su implementación

De forma general, la norma ISO 27001:2022 permite que los datos que tiene la organización sean confidenciales, íntegros, disponibles y legales de cara a protegerlos de los riesgos que puedan atacarlos de una u otra forma. Esto cumple con los principios de seguridad de la información que planteábamos anteriormente. Todo ello permite generar confianza con los clientes, los proveedores y el personal propio.

También permite evaluar y controlar los riesgos identificados, así como desarrollar sistemas que permitan minimizar los riesgos.

Por sintetizar se puede decir que las utilidades serían:

- Diagnóstico de la gestión de la información.
- Análisis de riesgos que puedan apareces.
- Crear un plan de acciones para cada necesidad de la organización.

- Diseñar los protocolos de trabajo de la organización en materia de SI.
- Comprender los requisitos de SI, además de desarrollar política y objetivo para este tema.
- Desarrollar controles para los riesgos identificados.
- Monitorizar el desempeño de la organización y la eficacia del SGSI.
- Facilitar la mejora continua según los objetivos marcados

Ventajas de obtener la certificación ISO/IEC 27001

La norma ISO 27001 permite su certificación, y con ella, la organización puede demostrar a sus clientes y partes interesadas que realmente están protegidas en lo que a Seguridad de la información se refiere.

Implantar un sistema de SGSI

Para obtener la certificación, es necesario implantar un sistema eficaz de gestión de la seguridad de la información que cumpla los requisitos de la norma.

Para ello es necesario identificar las características de la organización, las necesidades y expectativas de las partes interesadas, los requisitos de la norma, los requisitos legales

A continuación, hay que diseñar un sistema que permita identificar los riesgos, así como desarrollar sistemas para minimizar estos y mantener asegurada la protección de la de información.

Una vez desarrollado el sistema, es necesario que se evalúe el funcionamiento del sistema completo por parte de personal competente.

Por último, realizar una revisión completa del sistema por parte de una entidad de certificación que permite una visión independiente y especializada del sistema.

4.3. La Familia ISO 27000

ISO 27000 es un conjunto de estándares internacionales sobre la Seguridad de la Información. La familia ISO 27000 contiene un conjunto de buenas prácticas para el establecimiento, implementación, mantenimiento y mejora de Sistemas de Gestión de la Seguridad de la Información.

Los dos principales pilares de la serie 27000 son la 27001 y 27002. En el caso de la 27001 el sistema se basa en la Seguridad entendida por identificación de riesgos continua. La 27002 es una guía de buenas prácticas que tienen en común unos objetivos de control y gestión a seguir por las organizaciones.

Los Sistemas de gestión de la Seguridad de la información (SGSI) son conjuntos de políticas y procedimientos, cuya principal utilidad, es la estandarización de la gestión de la Seguridad de la Información. Estos son los principales estándares de la familia 27000:

- ISO 27000: Compuesta por un conjunto de definiciones que sirven para entender las demás normas de la misma familia.
- ISO 27001: Conjunto de requisitos para la creación de un sistema de Gestión de la Seguridad de la Información. De toda esta familia es la única norma certificable y se desarrolla a partir del ciclo PDCA que usan las demás normas ISO.
- ISO 27002: Es una recopilación de buenas prácticas para la SI donde se describen controles y objetivos de control.
- ISO 27003: Es una guía de implantación de SGSI. Supone una ayuda para la norma 27001, y aporta instrucciones de implantación de los SGSI.
- ISO 27004: Es un compendio de consejos para la medición de la gestión de la SI. Especifica los estándares de medición, lo que medir, como medirlo, cuando medirlo y el camino para la consecución de objetivos.
- ISO 27005: Supone una guía de recomendaciones al respecto de afrontar los riesgos de SI que puedan ser peligrosos para las organizaciones. No concreta una metodología de análisis y gestión de riesgos, pero plantea ejemplos de amenazas, vulnerabilidades e impactos.
- ISO 27006: Es un conjunto de requisitos de acreditación para las organizaciones certificadoras.

- ISO 27007: Es una guía para la auditoría de SGSI. Fija qué y cuándo auditar estos sistemas, así como la elección del perfil de auditor, la planificación de la auditoría, entre otros asuntos asociados.

RESUMEN

- El proceso de informatización ha producido un cambio en la vida del ser humano a nivel global
- La Seguridad de la Información es el área del conocimiento útil para guardar la confidencialidad, la integridad y la posibilidad de recuperar esta información a la que afecta esta seguridad; además del sistema de tratamiento que sirve de medio para operar con estos datos.
- Los tres principios de la Seguridad de la Información son Integridad, Confidencialidad y Disponibilidad.
- La Seguridad de la Información tiene una antigüedad incalculable, hallándose pruebas de su existencia desde hace más de 3000 años.
- La cibernética es un campo de estudio relacionado con los sistemas de comunicación, así como del control y el flujo de información.
- La ciberseguridad aglutina lo relacionado con la seguridad informática, de internet y las redes.
- Es en 1960 cuando la Ciberseguridad empieza a configurarse en la forma original sobre la que se ha edificado hoy día.
- El crecimiento del uso de los equipos informáticos ha traído consigo la dificultad para mantener la Información privada a buen recaudo.
- La Organización es una organización internacional que desarrolla normas para la normalización en diferentes áreas de trabajo. Se conglomeran en 3 familias de forma genérica: Gestión de la Calidad, Gestión Medioambiental y Gestión de Riesgos y Seguridad
- ISO 27001 es la norma internacional para los sistemas de Gestión de la Seguridad de la Información. Esta norma permite que los SGSI cumplan con los principios de la Seguridad de la Información: Confidencialidad, Integridad y Disponibilidad.
- La implantación de un sistema ISO 27001 implica la puesta en marcha de políticas y objetivos de seguridad de la información, el cumplimiento de los requisitos legales, la atención completa de la Seguridad de la Información y armoniza con otros sistemas de gestión basados en normas ISO.

UNIDAD

1.2. Términos y Definiciones

Contenido de la Unidad

- Conceptos
- Resumen

ICB
EDITORES

1. Conceptos

A día de hoy, la familia de la norma de referencia es la ISO / IEC 27000:2022 Gestión de la Seguridad de la Información. Dentro de la cual se puede encontrar el apartado Referencias Normativas, en el cual, se desarrollan una serie de términos y definiciones que servirán de base para el desarrollo de la norma.

De tal forma se desarrollan a continuación los términos usados:

1. **Control de acceso:** "Son medios para garantizar que el acceso a los activos esté autorizado y restringido según los requisitos comerciales y de seguridad".

   Es la forma de limitar el acceso a un sistema, ya sea de tipo físico o virtual. En sistemas de información, sirve para proporcionar acceso y determinados privilegios, a los usuarios para acceder a ciertos recursos o informaciones.

   Para el acceso en este tipo de sistemas, los usuarios tienen que presentar credenciales autorizadas para darles acceso.

2. **Ataque:** "Intentar destruir, exponer, alterar, deshabilitar, robar u obtener acceso no autorizado o hacer un uso no autorizado de un activo".

   Como ya se planteó en el Tema 1, los ataques cibernéticos son cada vez mayores y más comunes. El ciberataque es ataque a un sistema informático, o red con acceso a internet

3. **Auditoría:** Proceso sistemático, independiente y documentado para obtener evidencia de auditoría y evaluarla objetivamente para determinar hasta qué punto se cumplen los criterios de auditoría.

   Las auditorías pueden ser internas o externas.

   En cuanto a las auditorías Internas pueden ser realizadas por la misma organización o por una parte externa en su nombre.

   Los conceptos de "Evidencia de auditoría" y "criterios de auditoría" se definen en ISO 19011 dentro del proceso de recopilación de información para alcanzar las conclusiones de auditoría.

   La auditoría debe verificar que el SGSI cumple con todos los requisitos y expectativas de la norma ISO 27001. Aquí es revisada la información documentada del sistema, además de entrevistar al personal al respecto de sus competencias en materia de Seguridad de la Información.

   Las auditorías deben ser periódicas para garantizar la protección del sistema.

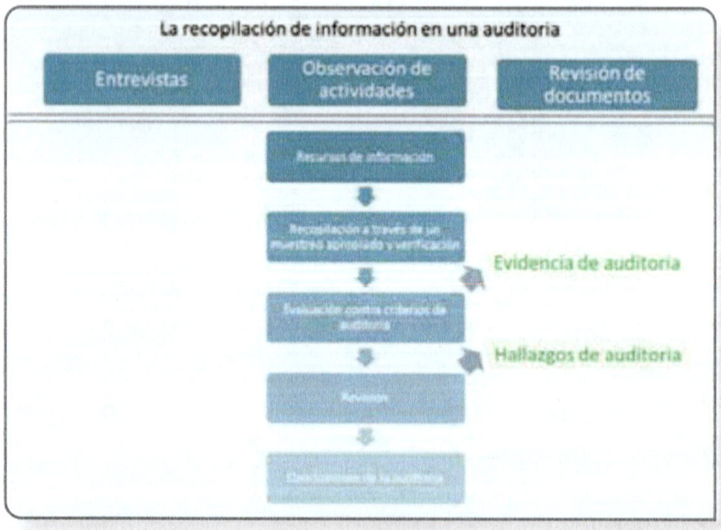

   Los pasos a seguir para realizar auditorías son los siguientes:

   1) Definir el alcance.

   2) Revisar amenazas de activos.

3) Estimar el impacto de hacerse realidad las amenazas, evaluando el plan y los controles a continuación de esos eventos.

4) Evaluar la eficacia de las medidas de control.

4. **Alcance de auditoría**: Alcance y límites de una auditoría

   Generalmente en este punto se definen las áreas de la organización, las actividades y procesos que se van a auditar.

5. **Autenticación:** "Garantía de que una característica reivindicada de una entidad es correcta".

   Este proceso garantiza la identidad de los usuarios. Junto con Integridad, Disponibilidad y Confidencialidad, esta es uno de los aspectos básicos de la Seguridad de la Información

6. **Autenticidad:** Propiedad que una entidad es lo que dice ser.

   Esta cualidad implica que la información proveniente de una fuente es con toda seguridad de esa fuente.

   El método más frecuente de comprobación de la autenticidad de una fuente es mediante la solicitud de una Id de usuario y contraseña.

7. **Disponibilidad:** Propiedad de ser accesible y utilizable a solicitud de una entidad autorizada.

   Por decirlo de otra forma, aludiendo a sistemas de datos en soporte informático, sería la capacidad de un usuario de acceso a informaciones o recursos de una ubicación.

Este es uno de los 3 pilares de la Seguridad de la Información.

Un sistema de almacenamiento funcional debe garantizar la disponibilidad de la información. Este además puede ser de tipo local, externo o en la nube. Asimismo, es posible el desarrollo de planes de contingencia en los que los sistemas de almacenamiento internos se apoyen en externos en caso de fallo de los primeros.

8. **Medida base:** Definida en términos de un atributo y el método para cuantificarlo.

   Una medida base es funcionalmente independiente de otras medidas.

   Su utilidad está relacionada con la evaluación de los sistemas y el desarrollo de indicadores o medidas de implementación. De esta forma es posible realizar una comparación con otras evaluaciones ya que sus datos serán objetivos.

   Se puede decir que en este ámbito Medida base, Métrica o Indicador son prácticamente sinónimos.

   Términos asociados:

   ⇨ Objetivo: Valor esperado de un indicador para un momento determinado.

   ⇨ Índice: Conjunto de indicadores relacionados que sirvan como medio para hacer comparaciones entre sistemas que tienen utilidades y objetivos parecidos.

   ⇨ Estándar: Conjunto de indicadores, puntos de referencia o índices relacionados que dan información significativa sobre el rendimiento.

9. **Competencia:** Capacidad de aplicar conocimientos y habilidades para lograr los resultados esperados.

   Se refiere a las competencias que deben tener los profesionales de la seguridad de la información. En Europa, el Marco Europeo de Competencia Electrónica, e-CF (E-Competence Framework) sirve de base para el desarrollo de competencias profesionales en Seguridad de la Información.

Además, las organizaciones deben incluir en su cultura corporativa controles de seguridad de la información en sus rutinas de trabajo diarias que sean plenamente asumidas por todos sus trabajadores.

10. **Confidencialidad:** Propiedad por la que la información no se pone a disposición o se divulga a personas, entidades o procesos no autorizados.

Permite el acceso exclusivamente a personal autorizado a datos de carácter confidencial protegiéndolos de intrusos no deseados. Es otro de los 3 pilares de la Seguridad de la Información.

Para cumplir con este principio, es necesario tener un Sistema de Seguridad de la Información con distintos niveles de autorización, para facilitar el acceso a determinados usuarios a datos con distintos grados de confidencialidad.

El Sistema de Gestión de la Seguridad de la Información debe implementar un proceso de autenticación. Diseñar métodos de seguridad basados en roles, biométricos, por credenciales, etc.

11. **Conformidad:** Cumplimiento de un requisito.

Hay muchos tipos de requisitos: de calidad de cliente, de producto, de gestión, legales, de Seguridad de la Información, etc.

Existen dos tipos, de requisitos, los explícitos y los implícitos.

12. **Consecuencia**: Resultado de un evento que afecte a los objetivos.

Los eventos en la seguridad de la información, son cambios en las operaciones diarias de una red o servicio que indican violaciones de la política de seguridad o fallo en un control de seguridad.

Las consecuencias se entienden como resultados de los eventos que han acarreado pérdida de datos, interrupción de servicios, pérdida de confidencialidad o integridad de la información.

13. **Mejora continua:** Actividad recurrente para mejorar el rendimiento.

Se puede definir un poco más ampliamente la mejora continua como la identificación y realización de cambios encaminados a la consecución de una mejora del rendimiento y de los resultados de la organización. Este término es fundamental en Calidad y el Seguridad de la Información.

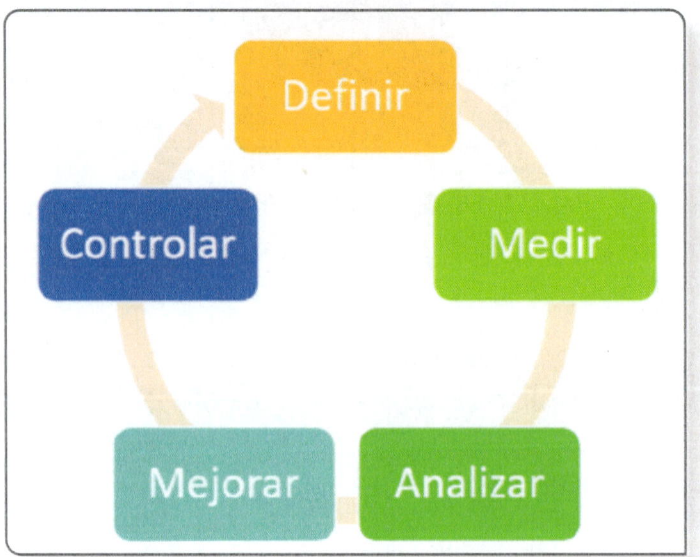

La tecnología de la información es continuamente variable y es necesario que la Seguridad de los datos manejados se adapte a ese proceso de cambio continuo. Por eso, se hace necesaria una mejora continuada de los SGSI. Para conseguirla es necesario controlar cuales son los cambios que se producen, cuantificarlos, valorarlos y adaptarse a ellos.

14. **Control:** Medida que modifica un riesgo.

Son las medidas de tipo técnico o administrativo para atajar las pérdidas y la reducción de disponibilidad producidas por una amenaza.

En una organización, todas las partes que la componen deben aportar controles dentro de su área específica sobre amenazas que puedan afectarles directa o indirectamente.

Podemos encontrarnos con diversos tipos de controles que se pueden agrupar en:

- ⇨ Controles administrativos. Están asociados a las acciones del personal.
- ⇨ Controles técnicos. Son ejecutados o administrados por sistemas informáticos.
- ⇨ Controles de la fase de actividad.
  - Controles preventivos. Tratan de atajar la amenaza antes de que interfiera.
  - Controles de detección. Buscan las nuevas amenazas del sistema.
  - Controles correctivos. Atajan amenazas que ya se han hecho efectivas en el sistema.

15. **Objetivos de control:** Declaración que describe lo que se debe lograr como resultado de la implementación de controles.

    En primer lugar, se establecen objetivos en la planificación. A continuación, en la implantación del sistema, se evalúa la consecución inicial de los objetivos. Durante la monitorización del sistema se ve el valor real que se está consiguiendo respecto a los indicadores referidos por los objetivos. Por último, vemos el cumplimiento de los valores deseados una vez acabado el ciclo del objetivo.

    Un requisito de los objetivos es que tienen que ser medibles, permitiendo con ello la comparación y el porcentaje de éxito de las medidas desarrolladas para su consecución.

16. **Corrección:** Acción para eliminar una no conformidad detectada.

    Esto implica la reparación del incumplimiento de algún requisito, ya sea de un cliente, de un organismo, de una norma o de un procedimiento interno del SGSI de forma más o menos inmediata.

17. **Acción correctiva:** Acción para eliminar la causa de una no conformidad y para prevenir la recurrencia.

18. **Medida derivada:** Medida que se define como una función de dos o más valores de medidas base.

    Las medidas o indicadores derivados son aquellos que se establecen en base a otro indicador existente.

19. **Información documentada:** Se refiere a la información necesaria que una organización debe controlar y mantener actualizada tomando en cuenta y el soporte en que se encuentra. La información documentada puede estar en cualquier formato (audio, video, ficheros de texto etc.) así como en cualquier tipo de soporte o medio independientemente de la fuente de dicha información. En general la información documentada se refiere a:

    ⇨ Al sistema de gestión y sus procesos

    ⇨ Información necesaria para la actividad de la propia

    ⇨ Evidencias o registros de los resultados obtenidos en cualquier proceso del sistema de gestión o de la organización

20. **Efectividad:** En qué medida se realizan las actividades planificadas y se logran los resultados planificados.

    Los SGSI son conjuntos de elementos interrelacionados por actividades de la organización. Cada uno de los procesos tendrán entradas y salidas que serán necesarias para su control. Estas salidas deben estar enfocadas a conseguir la consecución de los objetivos de la seguridad de la información. Por lo tanto, la eficacia es el grado de funcionamiento de los procesos por el que la organización es capaz de cumplir los objetivos.

21. **Evento:** Ocurrencia o cambio de un conjunto particular de circunstancias

    Propiedades de los eventos:

    ⇨ Un evento puede ser repetitivo y puede tener varias causas.

    ⇨ Un evento puede consistir en algo que no sucede.

    ⇨ Un evento puede ser clasificado como un “incidente” o “accidente”.

    Los elementos de seguridad son ocurrencias relevantes para la seguridad de información. Hay que diferenciar entre eventos en la seguridad de la información e incidentes. Los incidentes son eventos que provocan daños o riesgos para los activos u operaciones de seguridad de la información.

Los eventos de seguridad, tienen implicaciones potenciales en el sistema, pero no tienen por qué materializarse.

22. **Contexto externo:** Entorno externo en el que la organización busca alcanzar sus objetivos. El contexto externo puede incluir:

    - ⇨ El entorno cultural, social, político, jurídico, reglamentario, financiero, tecnológico, económico, natural y competitivo, ya sea internacional, nacional, regional o local.
    - ⇨ Influencias y tendencias clave que tienen impacto en los objetivos de la organización
    - ⇨ los valores de actores externos y como es percibida la organización (sus relaciones con el entorno externo)

23. **Gobernanza de la seguridad de la información:** Sistema por el cual las actividades de seguridad de la información de una organización son dirigidas y controladas.

    Se puede decir que es la estrategia de una empresa para reducir el riesgo de acceso no autorizado a sus sistemas.

    Sus actividades implican el desarrollo, planificación, evaluación y mejorar en la gestión de riesgos y las políticas de seguridad de la organización.

24. **Órgano rector:** Persona o grupo de personas que son responsables del desempeño de la organización. El órgano rector puede ser una junta directiva o consejo de administración.

    Es decir, el órgano rector es la máxima autoridad en el sistema y máximo responsable en su funcionamiento.

    De hecho, uno de los puntos principales de la norma es Liderazgo por el cual la definición de responsables de impulsar y mantener el sistema de seguridad de la información es requisito ineludible.

25. **Indicador:** Medida que proporciona una estimación o evaluación.

Un sistema de información debe permitir a los especialistas de la seguridad de la información y a los administradores del sistema detectar intentos de intrusión u otras actividades maliciosas.

Los indicadores permiten analizar y mejorar las técnicas y comportamientos ante un malware o amenaza en particular. Estos indicadores también proporcionan datos para entender mejor las amenazas, generando información valiosa para compartir dentro de la comunidad para mejorar aún más la respuesta a incidentes y las estrategias de respuesta de una organización.

26. **Necesidad de información:** Conocimiento necesario para gestionar objetivos, riesgos y problemas.

Para establecer los objetivos de seguridad de la información que tengan en cuenta los riesgos y las amenazas deberemos establecer unos criterios de necesidad de información.

27. **Instalaciones de procesamiento de información:** Cualquier sistema de procesamiento de información, servicio o infraestructura, o la ubicación física que lo alberga.

De acuerdo con la norma ISO 27001, una auditoría de instalaciones de procesamiento de información es la evaluación de cualquier sistema, servicio, infraestructura o ubicación física que contenga y procese información. Una instalación puede ser una actividad o un lugar que puede ser tangible o intangible; así como, un hardware o un software.

28. **Seguridad de la información:** Preservación de la confidencialidad, integridad y disponibilidad de la información. Además, hay que considerar otras propiedades, como la autenticidad, la responsabilidad, el no repudio y la confiabilidad también pueden estar involucrados.

29. **Continuidad de la seguridad de la información:** Procesos y procedimientos para garantizar la continuidad de las operaciones de seguridad de la información.

    El termino continuidad de la seguridad de la información se utiliza dentro de la norma ISO 27001 para describir el proceso que garantice la confidencialidad, integridad y disponibilidad de la información cuando un incidente ocurre o una amenaza se materializa.

30. **Evento de seguridad de la información:** Ocurrencia identificada de un sistema, servicio o estado de red que indica un posible incumplimiento de la política de seguridad de la información o falla de los controles o una situación desconocida que puede ser relevante para la seguridad.

    Debemos distinguir además de la diferencia entre un evento de seguridad de la información y las alertas. Una alerta es una notificación de que se ha producido un evento en particular (o una serie de eventos), que y que se envía a los responsables para la seguridad de la información en cada caso con el propósito de generar una acción.

31. **Incidente de seguridad de la información:** Un evento o una serie de eventos de seguridad de la información no deseados o inesperados que tienen una probabilidad significativa de comprometer las operaciones comerciales y amenazar la seguridad de la información.

Un incidente de seguridad de la información puede definirse también como cualquier evento que tenga el potencial de afectar la preservación de la confidencialidad, integridad, disponibilidad o valor de la información.

32. **Gestión de incidentes de seguridad de la información:** Conjunto de procesos para detectar, informar, evaluar, responder, tratar y aprender de los incidentes de seguridad de la información

    El conjunto de procesos para tratar los incidentes de la seguridad de la información debe

    ⇨ Identificar

    ⇨ Administrar y registrar

    ⇨ Analizar las amenazas en tiempo real

    ⇨ Buscar respuestas sólidas y completas a cualquier problema

    ⇨ Mantener una infraestructura que permita realizar estas funciones

33. **Sistema de gestión de seguridad de la información (SGSI) profesional:** Persona o grupo de personas que establece, implementa, mantiene y mejora continuamente uno o más procesos del sistema de administración de seguridad de la información de la organización.

    Generalmente quién implementa es quién lleva todas las actividades relacionadas con la Seguridad de la Información en la organización.

    Las responsabilidades asociadas, en general, a este puesto son:

    ⇨ Definir y supervisar el SGSI.

    ⇨ Coordinar la gestión de riesgos.

    ⇨ Contactar con autoridades y partes interesadas.

    ⇨ Comunicar la información sobre Seguridad de la Información a la organización.

    ⇨ Coordinar las actividades del SGSI

34. **Comunidad de intercambio de información:** Grupo de organizaciones o

individuos que aceptan compartir información.

Este término define las fuentes de información así como las organizaciones y personas con las que se va a compartir la información.

Sobre la difusión de la información sobre la Seguridad de la información, lo más habitual es que las agencias estatales regulen la forma en la que se realiza. Habitualmente se requiere la eliminación de información de carácter personal antes de compartir indicadores de amenazas cibernéticas.

Los usos de la información de sobre seguridad solo se deben usar para:

- ⇨ Identificar un propósito de ciberseguridad.
- ⇨ Identificar el origen de una amenaza de seguridad informática o vulnerabilidad.
- ⇨ Identifique amenazas de ciberseguridad que involucren el uso de un sistema de información por parte de un adversario o terrorista extranjero.
- ⇨ Prevenir o mitigar una amenaza inminente de muerte, daños corporales graves o daños económicos graves, incluido un acto terrorista o el uso de un arma de destrucción masiva.
- ⇨ Prevenir o mitigar una amenaza grave para un menor, incluida la explotación sexual y las amenazas a la seguridad física.
- ⇨ Prevenir, investigar, interrumpir o procesar un delito que surja de una amenaza como ser delitos graves violentos o en relación con el fraude y el robo de identidad.

35. **Sistema de información:** Conjunto de aplicaciones, servicios, activos de tecnología de la información u otros componentes de manejo de información.

    Generalmente se hace referencia a un conjunto de equipos informáticos (hardware y software) implicados en el procesamiento y almacenamiento de información. Aunque hay que incluir sistemas que tengan capacidad de almacenar o hacer circular estos datos, así como las personas que son necesarias para que el sistema de información funcione.

Según el nivel de la información, estos sistemas pueden ser de:

⇨ Soporte de operaciones

⇨ Información para la gestión

⇨ Información ejecutiva

Según el tipo de datos los sistemas pueden ser de:

⇨ Transacciones de datos (básicos)

⇨ Soporte en oficinas (básicos)

⇨ Gestión de la información (general)

⇨ Soporte para toma de decisiones (específicos tecnológicos)

⇨ Información gerencial (específicos “Know how”)

36. **Integridad:** Propiedad de la exactitud y la integridad.

Este término hace referencia a la exactitud y consistencia de los datos, es decir, que éstos no presenten la más mínima alteración tras haberse operado de cualquier forma con ellos.

Para permitir que se preserve la Integridad es conveniente una estandarización de los valores de los datos a la hora de recogerlos.

La importancia de la Integridad se manifiesta al punto de ser uno de los referentes de que el SGSI funciona correctamente. Además, la alteración de datos es indicadora de fallos en la programación o de un ciberataque.

37. **Parte interesada:** Persona u organización que puede afectar, verse afectada o percibirse como afectada por una decisión o actividad.

Dentro de este concepto encontramos partes tan diversas como empleados, proveedores, clientes o incluso administraciones.

38. **Contexto interno:** Entorno interno en el que la organización busca alcanzar sus objetivos.

Esto puede incluir:

- ⇨ Estructura, roles y responsabilidades.
- ⇨ Políticas, objetivos y estrategias.
- ⇨ Capacidad de sus recursos.
- ⇨ Sistemas y flujos de información.
- ⇨ Partes interesadas internas.
- ⇨ Cultura de la organización.
- ⇨ Normas y modelos de referencia para la organización.
- ⇨ Alcance y forma de los requisitos.

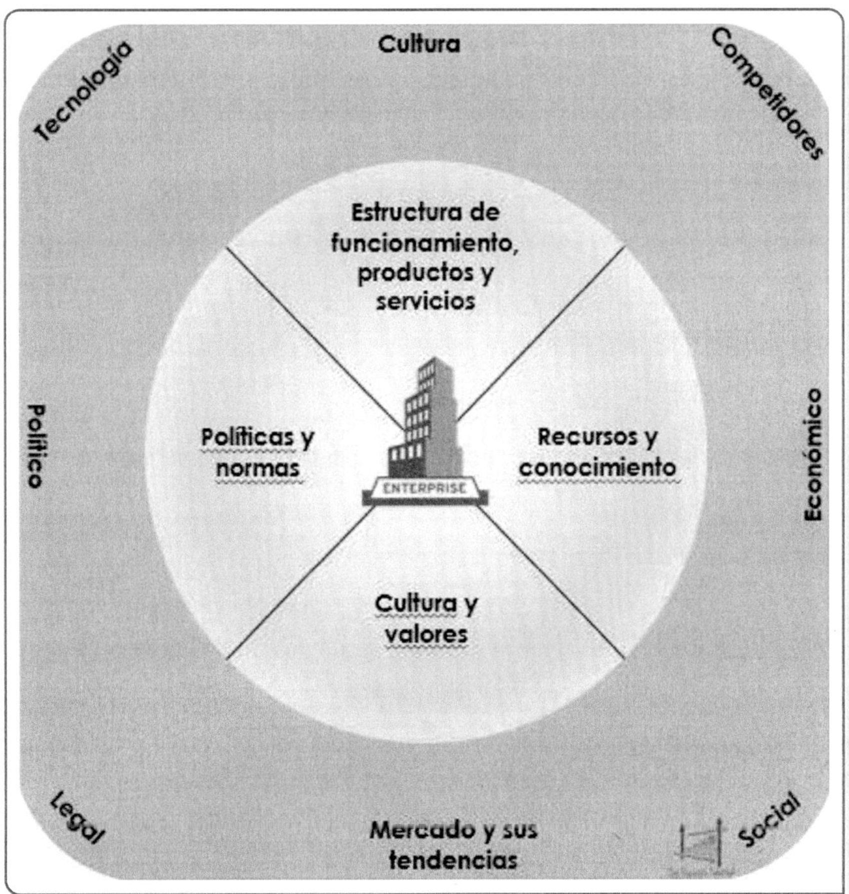

39. **Nivel de riesgo:** Magnitud de un riesgo expresada en términos de la combinación de consecuencias y su probabilidad

Es el resultado del cálculo del riesgo, ponderándolo respecto a una determinada amenaza.

Su utilidad está relacionada con la puesta en marcha de medidas para minimizar el riesgo y para la toma de decisiones en el SGSI.

De forma general se emplea la siguiente fórmula: Nivel de riesgo = Probabilidad * Pérdida

Esto implica la valoración del daño producido por un evento ocurrido o previsto

40. **Probabilidad:** Posibilidad de que algo suceda.

    Se asocia con la fórmula anterior y es la probabilidad de ocurrencia de un evento. El problema en la mayoría de SGSI es la carencia de datos objetivos, por lo que es un dato que tiende a caer en aberraciones personales.

    Para ello debemos igualar la probabilidad inicial de que un evento ocurra y posteriormente aplicaremos otros mecanismos para afinar la fórmula.

    Finalmente se tiene en cuenta en la mayoría de casos para estimar la probabilidad, la frecuencia de ocurrencia del evento en cuestión.

41. **Sistema de gestión:** Conjunto de elementos interrelacionados o interactivos de una organización para establecer políticas y objetivos y procesos para alcanzar esos objetivos.

42. **Medida:** Variable a la que se asigna un valor como resultado de la medida.

43. **Medición:** Proceso para determinar un valor.

    El monitoreo, la medición, el análisis y la evaluación son críticos para la evaluación del desempeño del sistema de gestión de la seguridad de la información SGSI.

    La función esencial de la Medición definir cómo funciona el sistema en términos cualitativos y cuantitativos. Con esto es posible ver la cercanía en la que estamos de los objetivos marcados.

44. **Función de medición:** Algoritmo o cálculo realizado para combinar dos o más medidas base.

45. **Método de medida:** Secuencia lógica de operaciones, descrita genéricamente, utilizada en la cuantificación de un atributo con respecto a una escala específica.

46. **Monitoreo:** Determinar el estado de un sistema, un proceso o una actividad.

47. **No conformidad:** Incumplimiento de un requisito.

    Implica la desviación de una especificación, un estándar o una expectativa.

    Existen tres grados de No conformidad:

    - ⇨ Menor: Son aquellas que no afectan de forma adversa a la seguridad de la información, al rendimiento, la durabilidad, capacidad de intercambio, fiabilidad, uso del sistema, el funcionamiento o apariencia general del sistema, la seguridad de un producto.
    - ⇨ Mayor: Son aquellas que pueden generar fallos, o reducir la seguridad de la información de manera importante, la capacidad de uso (para el que está diseñado); no pudiendo ser estas eliminadas o anuladas por las medidas correctivas o reducidas a no conformidades menores por las acciones emprendidas o por los controles establecidos previamente.
    - ⇨ Crítica: Son aquellas que pueden causar daño a personas, su imagen o reputación, siendo estas partes interesadas, en cualquier caso; o bien atacando la integridad de procesos críticos de la organización.

48. **No repudio:** Capacidad para demostrar la ocurrencia de un evento o acción reclamada y sus entidades de origen.

El no repudio es un concepto que garantiza que alguien no puede negar algo. Esto supone poder garantizar que una parte de un contrato no pueda negar la autenticidad de su firma en un documento. Es decir, sirve como evidencia del origen y destino de un envío.

49. **Objetivo:** Un objetivo se define como un resultado a lograr

Un objetivo puede ser estratégico, táctico u operacional.

Los objetivos pueden relacionarse con diferentes disciplinas (como los objetivos financieros, de salud y seguridad, y ambientales) y pueden aplicarse en diferentes niveles [como estratégico, para toda la organización, proyecto, producto y proceso].

50. **Organización:** Persona o grupo de personas que tiene sus propias funciones con responsabilidades, autoridades y relaciones para lograr sus objetivos.

Puede estar constituida por una persona física, una empresa, una corporación, un organismo público o sociedad privada, una organización benéfica o institución, o también una parte o combinación de los mismos.

51. **Externalizar:** Establecer un acuerdo donde una organización externa realiza parte de la función o el proceso de una organización

52. **Desempeño:** Resultado medible

El rendimiento puede relacionarse con resultados cuantitativos o cualitativos.

El rendimiento puede relacionarse con la gestión de actividades, procesos, productos (incluidos servicios), sistemas u organizaciones.

53. **Política:** Intenciones y dirección de una organización, según lo expresado formalmente por su alta dirección.

54. **Proceso:** Conjunto de actividades interrelacionadas o interactivas que transforman entradas en salidas.

Este concepto es uno de los enfoques centrales de todas las normas ISO y por ende para implantar un SGSI siguiendo la norma 27001.

El enfoque de procesos significa que una organización administra y controla los procesos que conforman su organización, tanto las interacciones entre los procesos y las entradas y las salidas que unen estos procesos.

Dicho de otra forma, los procesos son grupos de tareas que se organizan asignándoles personas que las ejecuten, recursos necesarios para llevarlas a cabo, así como las interacciones con el resto de procesos.

55. **Confiabilidad:** Propiedad de la conducta y resultados esperados consistentes

Esta característica de los sistemas de información garantiza que su funcionamiento parejo a sus especificaciones.

Los valores de los sistemas a los que se refiere principalmente son disponibilidad y la capacidad.

56. **Requisito:** Necesidad o expectativa que se declara, generalmente implícita u obligatoria.

"Generalmente implícito" significa que es una práctica habitual o común para la organización y las partes interesadas que la necesidad o expectativa en cuestión esté implícita.

Un requisito especificado es uno que se establece, por ejemplo, en la necesidad de contar con información documentada.

57. **Riesgo residual:** Riesgo restante después del tratamiento de riesgo.

El riesgo residual puede contener un riesgo no identificado y puede denominarse también como riesgo retenido.

Tras aplicar el sistema de minimización de riesgos se consigue reducir al máximo el impacto de una amenaza, pero los riesgos no desaparecen. Esta persistencia de riesgo es el riesgo residual. Su grado es un indicador para conocer si el sistema es adecuado para la información que se trata de preservar.

58. **Revisión:** Actividad realizada para determinar la idoneidad, adecuación y eficacia de la materia para alcanzar los objetivos establecidos.

Es posible determinar la eficacia de un SGSI conociendo la relación entre los resultados obtenidos y los recursos utilizados. O lo que es lo mismo, la eficacia del sistema será adecuada en tanto los medios hayan servido para cumplir con los objetivos planteados.

59. **Objeto de revisión:** Artículo específico a revisar

Para la revisión definida anteriormente se definen factores críticos y se evalúan de forma separada y conjunta.

Normalmente el rendimiento de la seguridad de la información depende principalmente de las medidas dirigidas a gestionar los riesgos de la información, los empleados y las fuentes de información, mientras que los factores formales y ambientales tienen un impacto menor.

60. **Objetivo de revisión:** Declaración que describe lo que se debe lograr como resultado de una revisión.

61. **Riesgo:** Efecto de la incertidumbre sobre los objetivos.

Un efecto es una desviación de lo esperado - positivo o negativo.

La incertidumbre es el estado, incluso parcial, de la deficiencia de la información relacionada, la comprensión o el conocimiento de un evento, su consecuencia o probabilidad.

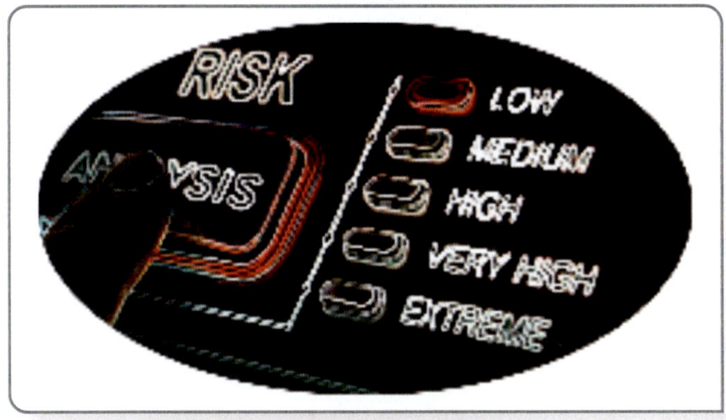

62. **Aceptación del riesgo:** Decisión informada de tomar un riesgo particular

    La aceptación del riesgo puede ocurrir sin tratamiento de riesgo o durante el proceso del tratamiento de riesgo.

    Los riesgos aceptados están sujetos a monitoreo y revisión

63. **Análisis de riesgo:** Proceso para comprender la naturaleza del riesgo y para determinar el nivel de riesgo.

    El análisis de riesgos proporciona la base para la evaluación de riesgos y las decisiones sobre el tratamiento de riesgos.

    El análisis de riesgos incluye la estimación de riesgos.

64. **Evaluación de riesgos:** Proceso global de identificación de riesgos, análisis de riesgos y evaluación de riesgos.

65. **Comunicación y consulta de riesgos:** Conjunto de procesos continuos e iterativos que una organización lleva a cabo para proporcionar, compartir u obtener información, y para dialogar con las partes interesadas con respecto a la gestión de riesgos

    Es fundamental que la comunicación de eventos sea rápida y ágil con el fin de acelerar la gestión de las crisis de seguridad. Por otro lado, tener un sistema de comunicaciones con los usuarios en caso de crisis puede reducir el daño a la imagen y credibilidad de la organización entre sus usuarios.

Determinados riesgos, más allá de que se materialicen deben ser convenientemente comunicados a las autoridades o a los afectados según corresponda tanto para cumplir con los requisitos legales como para anticiparse a consecuencias no deseadas y garantizar los derechos de los afectados así como para manifestar la preocupación y seriedad de su organización.

66. **Criterios de riesgo:** Términos de referencia contra los cuales se evalúa la importancia del riesgo.

    Los criterios de riesgo se basan en los objetivos de la organización, el contexto externo y el contexto interno.

    Los criterios de riesgo pueden derivarse de normas, leyes, políticas y otros requisitos.

67. **Evaluación de riesgo:** Proceso de comparar los resultados del análisis de riesgo con los criterios de riesgo para determinar si el riesgo y/o su magnitud es aceptable o tolerable.

    La evaluación de riesgos ayuda en la decisión sobre el tratamiento de riesgos.

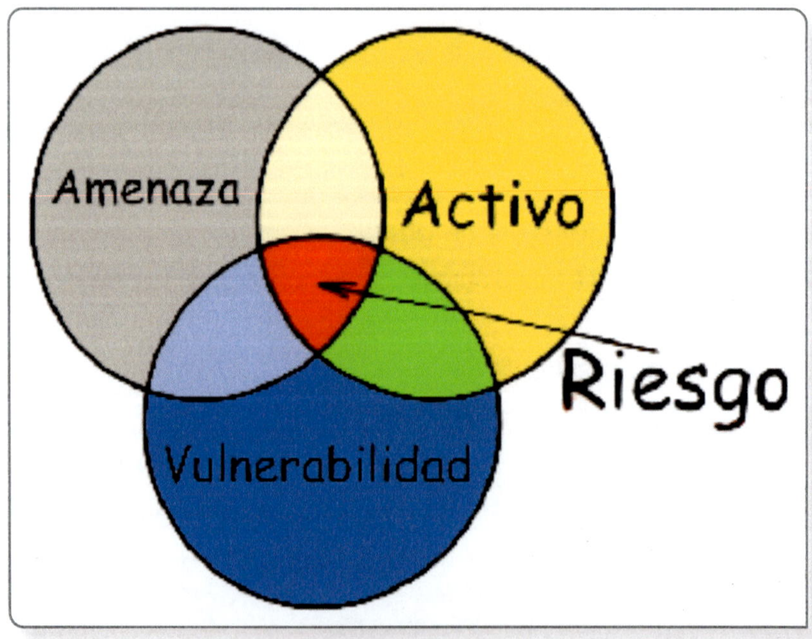

68. **Identificación de riesgo:** Proceso de búsqueda, reconocimiento y descripción de riesgos.

La identificación del riesgo implica la identificación de las fuentes de riesgo, los eventos sus causas y sus posibles consecuencias.

La identificación del riesgo puede incluir datos históricos, análisis teóricos, opiniones informadas y de expertos, y las necesidades de los interesados.

69. **Gestión de riesgos:** Actividades coordinadas para dirigir y controlar una organización con respecto al riesgo.

70. **Proceso de gestión de riesgos:** Aplicación sistemática de políticas de gestión procedimientos y prácticas a las actividades de comunicación, consulta, establecimiento del contexto e identificación, análisis, evaluación, tratamiento, seguimiento y revisión de riesgos.

ISO / IEC 27005 utiliza el término "proceso" para describir la gestión de riesgos en general. Los elementos dentro del proceso de gestión de riesgos se conocen como "actividades".

71. **Propietario de riesgo:** Persona o entidad con la responsabilidad y autoridad para gestionar un riesgo.

72. **Tratamiento de riesgo:** Proceso para modificar riesgo

El tratamiento del riesgo puede involucrar:

⇨ Evitar el riesgo al decidir no comenzar o continuar con la actividad que genera el riesgo;

⇨ Tomar o aumentar el riesgo para buscar una oportunidad;

⇨ Eliminar la fuente de riesgo;

⇨ Cambiando la probabilidad

⇨ Cambiando las consecuencias

⇨ Compartir el riesgo con otra parte o partes (incluidos los contratos y la financiación del riesgo);

⇨ Retener el riesgo por elección informada.

73. **Estándar de implementación de seguridad:** Documento que especifica formas autorizadas para realizar la seguridad.

La norma de referencia y la base de todas las normas ISO 27000 es la norma ISO / IEC 27001 también conocida como ISO 27001. Esta norma establece los requisitos para que el sistema de gestión de seguridad de la información (SGSI) de una organización pueda ser auditado y certificado.

La certificación ISO 27001 permite a las organizaciones demostrar que cumplen con los requisitos legislativos y reglamentarios relacionados con la seguridad de la información.

74. **Amenaza:** Causa potencial de un incidente no deseado, que puede causar daños a un sistema u organización

Una amenaza para el SGSI es cualquier cosa que pueda producir un daño grave al sistema de información. Pueden ocurrir o no, pero su potencial de daño existe.

Las amenazas están relacionadas con vulnerabilidades del sistema de información y no es posible evitarlas. Así pues, la única opción para luchar contra ellas es corregir o reducir las vulnerabilidades.

75. **Alta dirección:** Persona o grupo de personas que dirige y controla una organización al nivel más alto.

La alta dirección tiene el poder de delegar autoridad y proporcionar recursos dentro de la organización.

Si el alcance del sistema de gestión cubre solo parte de una organización, la alta gerencia se refiere a aquellos que dirigen y controlan esa parte de la organización.

La alta dirección a veces se llama administración ejecutiva y puede incluir a los directores ejecutivos, los directores financieros, los directores de información y otros cargos similares.

76. **Entidad de comunicación de información confiable:** Organización autónoma que apoya el intercambio de información dentro de una comunidad de intercambio de información

Un sistema o entidad confiable es aquella en que se confía en una medida específica para hacer cumplir una política de seguridad específica.

77. **Vulnerabilidad:** Debilidad de un activo o control que puede ser explotado por una o más amenazas

Vulnerabilidad en el contexto de la seguridad de sistemas de la información puede ser un fallo en un sistema que puede dejarlo accesible a los atacantes.

Resumen

- El apartado Referencias Normativas establece una serie de términos y definiciones esenciales que proporcionan una base para comprender y desarrollar la norma de manera efectiva.
- Control de Acceso: Se refiere a las medidas implementadas para asegurar que solo las personas autorizadas tengan acceso a recursos o información específicos, ajustándose a los requisitos de seguridad y comerciales. Este control puede ser físico o virtual.
- Ataque: Define cualquier intento de comprometer la seguridad de la información, ya sea a través de la destrucción, alteración, robo o acceso no autorizado. Los ataques pueden ser físicos o digitales, siendo los cibernéticos especialmente relevantes en el contexto actual.
- Auditoría: Se trata de un proceso sistemático, independiente y documentado para obtener y evaluar objetivamente evidencias, con el fin de determinar si se cumplen los criterios de auditoría establecidos. Las auditorías pueden ser internas o externas y son fundamentales para verificar la conformidad con la norma ISO 27001.
- Autenticación y Autenticidad: Estos términos se refieren a la verificación de que una entidad o usuario es quien dice ser y que la información proviene de fuentes fiables. La autenticación es crucial para mantener la seguridad de la información.
- Disponibilidad: Es una de las tres propiedades principales de la seguridad de la información, junto con la confidencialidad y la integridad. Se refiere a que la información debe estar disponible y utilizable a solicitud de una entidad autorizada.
- Medida Base y Objetivos de Control: La medida base define un estándar para cuantificar atributos específicos, mientras que los objetivos de control describen los resultados deseados en la implementación de controles de seguridad.
- Confidencialidad: Otro pilar de la seguridad de la información, que asegura que la información no está disponible ni es divulgada a individuos, entidades o procesos no autorizados.

UNIDAD

1.3. Alcance y Políticas de Seguridad

Contenido de la Unidad

- Introducción
- Alcance
- Política de Seguridad de la Información
- Resumen

ICB
EDITORES

1. INTRODUCCIÓN

La norma ISO 27001:2022 define como requisito la definición del alcance del sistema que vamos a implantar.

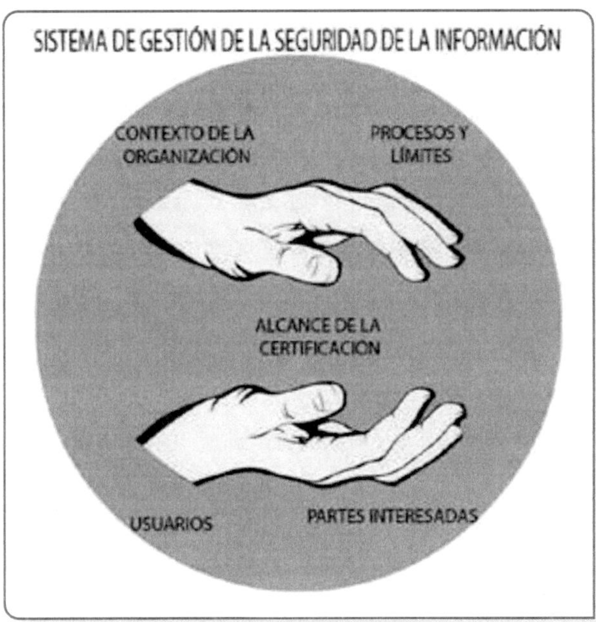

En esencia, el alcance del SGSI implica Identificar qué información vamos a proteger.

Este punto es esencial para la implantación de este tipo de sistemas, ya que, más allá del punto de acceso, la forma o el usuario que pretenda acceder, lo primero es preguntarse qué queremos proteger.

Es indiferente dónde se almacena la información a proteger, ni el tipo de acceso a la misma que tendrán sus usuarios. En primer lugar, es imprescindible definir cuál es la información a la que afectará el SGSI y a continuación definir cuáles serán las formas de acceso a la misma, las infraestructuras, equipos y personal que harán lo propio.

Será el equipo auditor el que se encargará de la verificación del cumplimiento de los requisitos del SGSI y su implantación dentro del alcance definido.

2. ALCANCE

La norma ISO 27001:2022 define los siguientes requisitos a la hora de evaluar el alcance de un SGSI:

- *Debe tener en cuenta problemas internos y externos que se definen en la cláusula 4.1.*
- *Debe tener en cuenta todos los requisitos definidos en la cláusula 4.2.*

Es recomendable realizar una descripción pormenorizada de las instalaciones y ubicaciones incluidas en el alcance del sistema. En esta descripción, incluir organigramas organizativos de cada sección, e incluir asimismo todos los equipos que operen de forma interna y externa con los datos que estén dentro del alcance.

Generalmente el alcance se incluye dentro de la Política de Seguridad de la Información, aunque es posible incluirlo en el documento donde se recojan las Partes interesadas, el contexto de la organización y otros datos vitales del sistema, o incluso de forma independiente.

2.1. Procesos y Áreas en el Alcance

Este punto se refiere a los procesos a tener en cuenta en el alcance del SGSI

Es importante que de los departamentos y áreas espaciales de la organización se definan esquemáticamente donde se definan las funciones y actividades de la organización.

Este esquema debe incluir todos los procesos productivos afectados por el alcance definido en el SGSI. A continuación, se puede ver un ejemplo genérico de lo que sería un Mapa de procesos para el alcance del sistema.

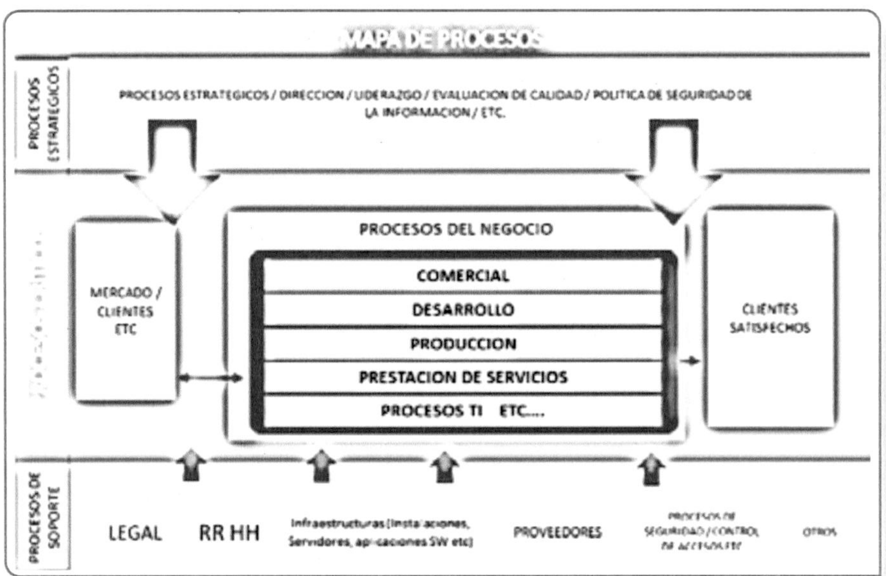

Realizada la identificación de departamentos, ubicaciones e infraestructuras siendo necesario conocer las relaciones e interfaces que vinculan a los diferentes procesos, departamentos e instalaciones.

Los interfaces son elementos que interrelacionan a los procesos y para su identificación será necesario poner atención en las entradas y salidas de los procesos.

De cara a elaborar el mapa de procesos que hemos visto anteriormente es conveniente tener en cuenta:

- Identificar los puntos finales de control. Es decir, buscar y reconocer dónde empieza el trabajo de la organización y en qué punto acaba respecto a la información que se maneja.
- Definir las características de alto nivel de las interfaces. O sea, determinar las funciones de alto nivel relacionadas con la información referentes a personas, procesos y tecnologías:
- Personas: Identificar elementos de entrada y salida para:
    - Personas vinculadas con el software:
        - Usuarios

- Mantenedores
- Desarrolladores

⇨ Personal

- Procesos de selección
- Contratación
- Funciones y responsabilidades

⇨ Procesos: Identificar elementos de entrada y salida para:

- Procesos de soporte
- Resolución de incidencias
- Mantenimiento de software
- Procesos de desarrollo

⇨ Tecnologías: Identificar los requisitos de entrada y salida o de las diferentes tecnologías:

- Aplicaciones de escritorio
- Aplicaciones de desarrollo
- Sistemas operativos
- Etc.

2.2. Límites del Alcance

Reducir el alcance a la mínima expresión posible es una práctica bastante generalizada en sistemas de gestión ISO, con el fin de reducir las tareas y la complejidad del mismo, así como las posibilidades de que se produzcan no conformidades. Sin embargo, dejar fuera del sistema alguna parte de la organización no significa que se vaya a simplificar el SGSI; de hecho, es posible que se complique dado que, al no controlarse los flujos de información de los procesos excluidos, puede existir un desfase para el resto de procesos.

Las implicaciones de las exclusiones pueden ser:

- Tener que controlar los flujos de información interdepartamentales.
- Tener que separar los accesos a la información de recursos excluidos del sistema e incluso las infraestructuras físicamente para evitar interferencias.
- Controlar que los departamentos excluidos no aporten nada de información ni tengan relación con los departamentos incluidos, y en el caso de que tengan relación tratarlos como una parte externa, es decir, como un proveedor o parte interesada.
- Tener trabas extra por parte de los auditores de certificación.

Por otra parte, la amplitud del alcance no afectará nunca a la evaluación completa de riesgos y por tanto, los controles y cumplimiento de los requisitos será completa en todo aquello que afecte a la seguridad de la información. En consecuencia, los controles tienen que ser los necesarios para atajar los riesgos y requisitos; y de estos no serán nunca excluidos ni declarados no aplicables.

2.3. Ventajas del Alcance

El alcance de un SGSI tiene la capacidad de reducir el costo en recursos o aumentarlo.

Es fácil pensar que el alcance se vincule exclusivamente con una localización, pero las organizaciones cada vez hacen más uso de las aplicaciones con base en la nube y que además operan en distintas redes a través de las que comparten estos datos. Será necesario tener en cuenta que las ubicaciones y sitios en los que la organización opera estén incluidos en el alcance del SGSI. Para ello, la organización debe realizar un estudio de situación previo a la implantación del sistema.

En definitiva, no se debe tomar la implantación de un sistema ISO 27001 como un objetivo fuera del funcionamiento general de la organización. Entonces, antes de implementar un sistema de este tipo, es necesario determinar cuáles con las necesidades de la empresa del sistema y viceversa para, a continuación, identificar personas, procesos, sistemas y datos a incluir en el SGSI.

3. Política de Seguridad de la Información

Se trata de un requisito de la norma ISO 27001 que implica su definición obligatoria por parte de la organización. Esta debe ser aprobada por la dirección y debe ser publicada y comunicada a las partes interesadas y a todo el personal de la organización.

Su comunicación debe practicarse a todos los niveles de la organización, tanto internos como externos, involucrando por tanto a toda la organización en la Seguridad de la organización.

Las políticas de Seguridad de la Información son diversas, aunque siempre tendrán relación con las distintas áreas temáticas dentro del SGSI. Aquí planteamos algunas de las tipologías de política más comunes:

- Control de acceso.
- Clasificación y manejo de información.
- Seguridad física y ambiental.
- Usuario final:
  - Escritorio y pantalla limpios.
  - Uso aceptable de activos.
  - Transferencia de información.

- ⇨ Dispositivos móviles y teletrabajo.
- ⇨ Restricciones a las instalaciones y uso del software.
- ⇨ Copia de seguridad.
- ⇨ Transferencia de información.
- ⇨ Protección contra software malicioso.
- ⇨ Gestión de vulnerabilidades.
- ⇨ Controles criptográficos.
- ⇨ Privacidad y protección de la información personal identificable.
- ⇨ Relación con los proveedores.

La política de la Seguridad de la información debe cumplir con determinadas características para que sea eficaz y útil. A continuación, se definen algunos criterios que deben cumplir:

- ♦ Ser estructurada y sistemática.
- ♦ Mantener el enfoque de procesos.
- ♦ Mantenerse, revisarse y actualizarse.
- ♦ Integrar objetivos y acciones para su consecución.
- ♦ Incluye roles y responsabilidades del personal.
- ♦ Promover y planificar la formación.
- ♦ Definir procedimientos para el tratamiento de datos protegidos.
- ♦ Contemplar una estrategia para la prevención y recuperación de situaciones críticas.
- ♦ Informar al lector de la importancia de su mantenimiento.

El objeto de los sistemas de seguridad es permitir a la organización que los datos que manejan estén protegidos. Para ello se desarrollan todas las actividades del SGSI.

Todos los servicios internos y externos generan riesgos para su sistema y la red en la que se ubican.

3.1. Objetivos de la Política de Seguridad

La política se muestra como un conjunto de pautas a seguir para las actividades y recursos de la organización, donde se incluyen seguridad física, del personal, administrativa y la de red.

Será la base para la planificación de seguridad, tanto si la organización se mantiene sin cambios, como si estos se producen. Para ello, la Política:

- Describirá las responsabilidades del usuario.
- Explicará la forma en la que va a controlar la efectividad de su sistema de seguridad.
- Controlará y monitorizará el sistema en busca de visitantes con intenciones maliciosas, de cara a proteger la información.

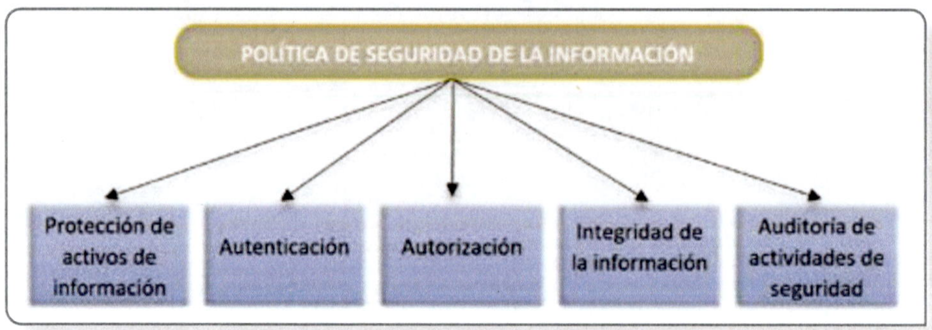

Es necesario definir cuáles serán los objetivos de seguridad de la organización, teniendo en cuenta cuales de las siguientes atañen a la organización:

- Objetivo 1: Protección de activos de información. Se debe garantizar que exclusivamente los usuarios autorizados tienen acceso a la información del sistema.

  Además, debe definir los tipos de usuarios que tienen acceso al sistema, asignando distintos tipos de autorización a los distintos usuarios.

- Objetivo 2: Autenticación. Hay que verificar que el acceso de cualquier usuario es realmente quien dice ser. Mediante el cumplimiento de este objetivo, el sistema de almacenamiento de datos estará protegido ante el riesgo de suplantación de identidad.

  Lo más común para su puesta en práctica ha sido el uso de nombres de usuario y contraseña. Es posible usar también (en función de su implementación) certificados digitales para mejorar el control de acceso.

  Asimismo, dotaremos de distintos grados de acceso a la información a los distintos tipos de usuario que se identifiquen en la aplicación que estemos protegiendo.

- Objetivo 3: Autorización. La definición de este objetivo en la política se hace mediante la discriminación de usuarios con autorización de determinados recursos e informaciones.

  Por tanto, un usuario que ha sido autenticado, se deriva a áreas del sistema a los que está autorizado a acceder y restringiéndole las áreas para las que no tiene permisos.

  Es conveniente fijar en la política de seguridad de qué forma y cuando se revocan las autorizaciones para garantizar que el acceso a las informaciones sensibles sea siempre limitado a los usuarios asignados.

- Objetivo 4: Integridad de la información. Este concepto hace referencia a la información e implica que ha de mantenerse íntegra a lo largo de todas las operaciones que se realizan, especialmente durante la comunicación.

  Hay que tener en cuenta que esta integridad será de:

  - Datos: "Necesidad de proteger la información contra modificaciones o manipulaciones no autorizadas". Esto quiere decir que las medidas para su protección irán en la línea de evitar la modificación no autorizada. El SGSI deberá tener en cuenta la fuente de los accesos y datos que no sea de confianza, de modo que se tomen medidas adicionales como la encriptación de datos o de otro tipo para evitar que se produzcan modificaciones no autorizadas.

- ⇨ Sistema: "Esperar que el sistema proporcione siempre resultados consistentes". Esto implica que se impongan criterios de rendimiento y consistencia de los sistemas operativos y de la arquitectura del sistema que permitan medidas de seguridad adecuados a los riesgos de ataque y robo de datos.
- ⇨ No repudio: Son los métodos de comprobación de envíos y recepción de datos que permiten obtener protección ante interrupciones a través de certificados digitales y criptografía de clave pública. Persigue asegurar que una transmisión se realizó, conociendo emisor y receptor.
- ⇨ Confidencialidad: "La información sensible es protegida de accesos no autorizados y ataques, en entorno privado.". Se usarán medidas especiales para proteger este tipo de información (cifrado de datos, conexiones SSL o VPN, uso de certificados digitales, garantía de confidencialidad dentro del entorno privado y fuera...).

- ♦ Objetivo 5: Auditoría de actividades de seguridad. Se puede incluir como objetivo la vigilancia continua y el registro de incidentes y actividades sospechosas de cara a prevenir eventos no deseados. Esto implica la supervisión de eventos relevantes respecto a la seguridad.

3.2. Revisión de las Políticas

Las políticas deben actualizarse continuamente adaptándose a los cambios y necesidades de la organización.

Se hace necesario mantener actualizadas políticas de seguridad de la información. Para ello es conveniente el desarrollo de una política compuesta por varios documentos de forma jerárquica como se presenta en el siguiente gráfico:

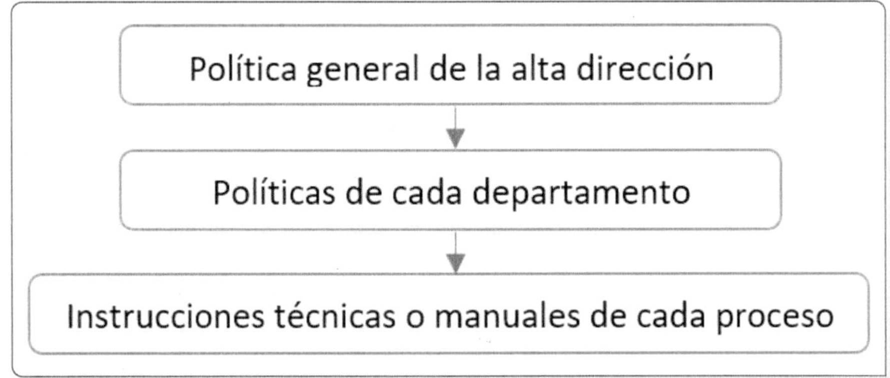

- Política general de la alta dirección: Es aprobada por el máximo responsable de la organización y suponen las líneas generales o esenciales que aporten credibilidad y apoyen el cumplimiento de las normas. Por tanto, no deben ser concretas en la forma de redactarse y donde se expongan los valores entre otros de la seguridad de la información en la organización.

- Políticas de cada departamento: Son secundarias y han de ser dinámicas y detalladas, por lo que cambiarán ante las necesidades de la organización. Tienen que registrar y satisfacer los requisitos técnicos y reglamentarios sobre la infraestructura de tecnologías de la información y sobre todos los aspectos de la seguridad de la información.

- Instrucciones técnicas o manuales de cada proceso: Su objetivo es implicar a todo el personal en el SGSI. Son procedimientos simplificados que se basan en el nivel ejecutivo y las políticas de cada departamento.

  Estos procedimientos deben ser asequibles a todo el personal y evitar en la medida de lo posible la jerga técnica de cara a asegurar la comprensión de las instrucciones por todo aquel que los maneje.

3.3. Comunicación de las Políticas

Como hemos dicho anteriormente, las políticas generales de la organización constituyen las prioridades en materia de Seguridad de la información. Pues bien, a la hora de comunicar éstas, será tan complejo hacerlo como grande y compleja sea la organización. Así pues, en entidades pequeñas será sencillo comunicar las políticas ya que se resumirán en unas cuantas líneas. Sin embargo, en organizaciones grandes, la cosa se complica con la aparición de un número variable de departamentos y responsables que actúan individualmente o de forma interactiva con los demás. Es importante diseñar para este tema una estrategia que gestione planes independientes de comunicación para las políticas de los distintos niveles jerárquicos.

Visto esto, resumiremos brevemente en que la comunicación de la política general de la organización en materia de Seguridad de la información se comunicará a todo el personal, a las partes interesadas en general y a todos los usuarios que utilicen la información de la organización sea en el grado que sea.

En los dos escalones inferiores, las políticas de cada departamento serán comunicadas a los responsables de departamento y por último, para en caso de instrucciones técnicas, su comunicación será determinada por cada subárea, por lo que, el usuario final de ese subárea deberá ser conocedor de las mismas, igualmente sus encargados de departamento.

RESUMEN

- El establecimiento del alcance es uno de los requisitos de la norma y condicionará el resto del sistema. Este determina cuál es la información que queremos proteger.
- Para definir el alcance se tendrán en cuenta las formas de acceso a la información y la infraestructura de la organización.
- El alcance debe incluir las cuestiones internas y externas, así como los requisitos establecidos en la norma ISO 27001:2022.
- Respecto a los recursos de la organización, deben conocerse el personal, su estructura organizativa y jerarquía, además de los equipos con los que se trabaja la información protegida por el sistema.
- La organización debe estructurarse por áreas de trabajo y definir como ha de producirse el flujo de información. Partiendo de la entrada en el sistema, pasando por los cambios y procedimientos que se le aplican y los relacionados con las conclusiones que se sacan de ella.
- Para generar un mapa de procesos de la organización, de una parte hay que Identificar los puntos finales de control y de otra parte, Definir las características de alto nivel de las interfaces (Personas, Procesos y Tecnologías).
- Para definir el alcance existe una tendencia a dejar fuera elementos de cara a simplificar el SGSI. Sin embargo, las exclusiones del alcance no pueden reducir el conocimiento completo de los riesgos.
- En el marco de la norma ISO 27001:2022 es obligatorio definir políticas de seguridad de la información debiendo ser aprobadas por la dirección y comunicada a todas las partes interesadas. Estas políticas definen las líneas maestras de lo que va a ser el SGSI.
- Las políticas de seguridad de la información deben cumplir con cinco objetivos básicos:

1. Protección de activos de información.

2. Autenticación.

3. Autorización.

4. Integridad de la información.

5. Auditoría de actividades de seguridad.

- Las políticas se desarrollarán a distintos niveles y a través de todos los elementos jerárquicos de la organización. Hay 3 niveles jerárquicos básicos de políticas: la política general, las políticas departamentales y las instrucciones técnicas.

- La políticas tienen que ser comunicadas a todas las partes interesadas. Estas tendrán mayor difusión cuando mayor sea su nivel jerárquico, y menor cuando sea más bajo su rango.

UNIDAD

1.4. Contexto, Partes Interesadas y Alcance

Contenido de la Unidad

- Contexto
- Partes Interesadas
- Alcance del SGSI
- Sistema de Gestión de Seguridad de la Información
- Resumen

ICB
EDITORES

1. CONTEXTO

Previamente a la implantación de un SGSI es necesario conocer cuál es el contexto de la organización, o lo que es lo mismo, su campo de juego. Para ello deberá determinarse a dos niveles, el interno y el externo. Definir este concepto permitirá a la organización diseñar un sistema de gestión de riesgos adecuado y, a partir de aquí, implementarlo en sí misma.

A continuación, se identificarán las partes interesadas para saber a quién o a qué afectan las actividades del SGSI y viceversa para ayudar a definir cuáles de las áreas de trabajo de la organización se habrán de tener en cuenta por el SGSI, determinando de esta forma también el alcance del sistema.

Por último, se fijarán las características generales del sistema de gestión.

La norma en ese sentido fija en su punto 4.1 como debe ser el "Conocimiento de la organización y de su contexto", afirmando que

> ***"La organización debe determinar los asuntos externos e internos que sean relevantes para su propósito y que afecten su capacidad para lograr los resultados previstos de su sistema de gestión de seguridad de la información."***

Desde el momento en que se fijan las pretensiones del SGSI, la organización tiene que conocer el entorno en el que se desarrolla su actividad. Así pues, de cara a diseñar el sistema hay que conocer en profundidad su contexto.

Por lo tanto, se hace necesario que se conozcan todos los aspectos que afectan a la seguridad de la información, ya estén dentro o fuera de la organización. Esto consiste en identificar los problemas internos y externos de la organización.

En este punto, se hace necesario identificar cuantitativamente los aspectos, definiendo cuáles son y cualitativamente, haciendo lo propio para ver en qué forma pueden afectar a la Seguridad de la información de la organización.

Veremos que habrá que identificar, respecto a la organización sobre, todo lo concerniente a:

- ⇨ La gestión y gobierno.
- ⇨ Conocimiento y capacidades.
- ⇨ Relaciones por contrato.
- ⇨ Influencia del ambiente.
- ⇨ Tendencias de mercado y de las regulaciones.
- ⇨ Avances de la tecnología.
- ⇨ Relación con las partes externas.

Por otra parte, es necesario conocer el punto de vista de las partes interesadas, de cara a identificar causas, riesgos y aspectos desconocidos sobre la eficacia de las medidas adoptadas en seguridad de la información.

Para ello, es recomendable diseñar un plan de comunicación con las partes interesadas desde el primer momento para la construcción del SGSI. Este plan ayudará a que:

- ⇨ Los planes de tratamiento de riesgos sean satisfactorios para las partes interesadas.
- ⇨ Los riesgos de cada área sean identificados.
- ⇨ Los intereses de las partes sean integrados y comprendidos por el SGSI.
- ⇨ Mejorar la comunicación con las distintas partes interesadas.

1.1. Contexto Interno

Está constituido por todo el entorno interno de la organización. Para su definición es necesario que se tengan en cuenta los procesos, la estructura y líneas estratégicas de la organización. Por tanto, se incluye en este contexto todo lo interno de la organización que pueda afectar a la gestión de la seguridad.

El contexto interno debe comenzar por conocer de forma precisa y exhaustiva los procesos que la organización desempeña a la hora de procesar la información. Este conocimiento debe ser sistemático y aplicando el enfoque denominado PDCA (Plan – Do – Check – Act), ha de reflejarse en el llamado Mapa de procesos de la organización. Aquí se determinarán, no solo cuáles son los procesos internos de la organización, sino que se ordenará cómo interactúan entre sí las diferentes áreas de trabajo y cuál es el flujo de la información que garantice que se cumplen los objetivos de seguridad.

El contexto interno se establece para conseguir una mejor gestión del riesgo. Además, aporta una visión global de todos los procesos relacionada con los objetivos generales de la organización. Por último, implica una mayor integridad e integración de los valores expuestos en la política general de la organización en cada una de sus áreas de trabajo.

El contexto interno debe considerar una serie de puntos clave en la organización:

- ⇨ El organigrama completo de la organización, teniendo en cuenta las funciones y responsabilidades relacionadas con el SGSI.
- ⇨ Las políticas, objetivos y marcos estratégicos de la organización en Seguridad de la Información.
- ⇨ Los recursos y conocimientos de la organización para cumplir con sus objetivos y estrategias.
- ⇨ Los sistemas y flujos de información, así como los procesos de toma de decisiones.
- ⇨ La cultura de la organización.
- ⇨ La gestión de los requisitos, ya sean provenientes de normas, legales o de modelos impuestos por contrato o de cualquier otra forma adquiridos con las partes interesadas.

1.2. Contexto Externo

Este apartado complementa al anterior, en tanto que completa la visión general del entorno de la organización. Su objetivo esencial es cumplir con las necesidades y expectativas de las partes interesadas que están fuera de la organización a la hora de desarrollar los criterios de riesgo.

Para su desarrollo es necesario tener en cuenta los siguientes datos:

- ⇨ Entorno en que se desarrolla la actividad de la organización a nivel local, nacional e internacional en materia de:
  - Sociedad y cultura.
  - Política.
  - Marco legal y reglamentario.
  - Economía.
  - Medio ambiente.
- ⇨ Factores y tendencias que afectan a los objetivos de la organización.
- ⇨ Relación con las partes interesadas.

1.3. El Contexto en la Gestión de Riesgos

La identificación del contexto siempre estará sujeta a la justificación de los recursos utilizados para su gestión teniendo siempre en cuenta cuáles serán los recursos necesarios, las responsabilidades y autoridades y la información documentada que deberá mantenerse.

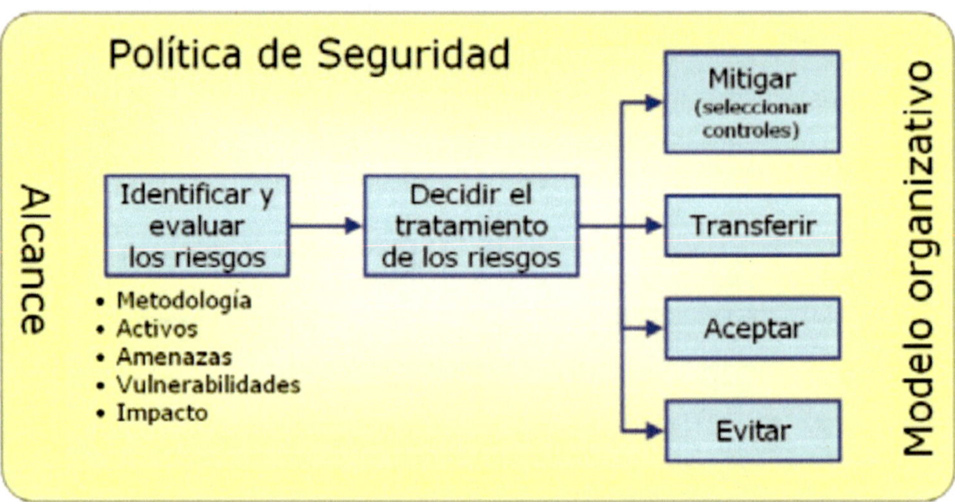

Teniendo en cuenta el contexto, se deben definir los criterios de riesgo que se usarán para evaluar la importancia del riesgo. Así pues, atendiendo a las fuentes de riesgo que tenemos para la seguridad de la información, se comparará el nivel de riesgos con los criterios de aceptación de riesgos que se han definido dentro del contexto. Posteriormente, se establecerán controles para minimizarlos y determinar por último los riesgos residuales.

El contexto, de cara a la gestión de riesgos, debe identificar y definir lo siguiente:

- ⇨ Los objetivos y metas de las tareas de gestión de riesgos.
- ⇨ Las responsabilidades del proceso de gestión de riesgos.
- ⇨ El alcance, teniendo en cuenta la profundidad y amplitud de las actividades de gestión de riesgos.
- ⇨ La actividad, proceso, función, proyecto, servicio o activo en cuestión de tiempo y ubicación.
- ⇨ Las relaciones de cada proceso o actividad particular con otros dentro de la organización.
- ⇨ Las metodologías de evaluación de riesgos.
- ⇨ La manera de evaluar el rendimiento y la efectividad de la gestión del riesgo.
- ⇨ Las decisiones a tomar.
- ⇨ El alcance o los estudios necesarios, determinando su extensión, objetivos y los recursos necesarios para ello.

1.4. Definir los Criterios de Riesgo

Es necesario definir los criterios para la evaluación del riesgo. Para ello, hay que tener en cuenta lo siguiente:

- ⇨ Los tipos de riesgo atendiendo a causas y consecuencias, definiendo cómo se medirán.
- ⇨ La forma de definir la verosimilitud.
- ⇨ Cuándo se conoce la probabilidad del evento y su consecuencia.

- ⇨ Forma de determinar el riesgo.
- ⇨ Opiniones de las partes interesadas.
- ⇨ Fijar el nivel de riesgo aceptable o residual.
- ⇨ Cómo se evalúan los riesgos múltiples y de qué manera se evaluarán sus combinaciones.

De cara a trabajar los riesgos, hay que definir las tareas correspondientes a distintas etapas a seguir:

1. Evaluación de riesgos: se realiza una comparativa entre el nivel de riesgos y los criterios de aceptación de los mismos que se han definido en el contexto.
2. Tratamiento del riesgo: se establecen controles.
3. Aceptación del riesgo: los riesgos residuales han de ser aceptados por la dirección de la organización.
4. Estimación del riesgo: trata de calificar las consecuencias de la pérdida (cuantitativa y cualitativa) y la probabilidad de ocurrencia.

1.5. Identificar las Fuentes de Riesgo

Es un paso importante que tiene como objetivo determinar de forma minuciosa las fuentes de riesgo y eventos potenciales que puedan afectar al funcionamiento de la organización. Cada uno de los riesgos ha de describirse de forma completa y pormenorizada de forma que los responsables comprendan la situación sin dudas.

Para comprender la amenaza en toda su dimensión, hay que determinar lo crítica que es, así como las vulnerabilidades del sistema de datos; esto es esencial para establecer el contexto.

Puede resultar muy útil plantear determinadas preguntas sobre el contexto de los riesgos a los que debe hacer frente el SGSI y en la definición del contexto de la organización:

- ¿Cuál sería el impacto de una divulgación involuntaria? Y ¿qué consecuencias tendría sobre las partes interesadas esta divulgación?
- ¿Cuáles son las fuentes de riesgo? ¿cuáles son las amenazas?
- ¿Cómo afectaría cada riesgo a la confidencialidad, integridad y disponibilidad de la información?
- ¿Cómo impactaría en la organización la pérdida de confianza de las partes interesadas en la integridad de su información?
- ¿Cuál es el valor agregado de los activos de información para la organización?

2. Partes Interesadas

"La organización determinará:

a. Las partes interesadas que son relevantes para el sistema de gestión de seguridad de la información.
b. Los requisitos pertinentes de estas partes interesadas.
c. Cuál de estos requisitos se abordará a través del sistema de gestión de seguridad de la información.

los requisitos de las partes interesadas pueden incluir requisitos legales, reglamentarios y obligaciones contractuales."

Según la norma ISO 27001:2022 es necesario que la organización identifique las partes interesadas y los requisitos que sean relevantes para el SGSI. Estarán formadas por personas y organizaciones que tengan la capacidad de influir en la seguridad de la información o en la continuidad del desempeño de nuestra organización. Por otra parte, es posible que sean personas o entidades sobre las que la organización pueda ejercer cualquier tipo de afección durante su funcionamiento. Serán, por tanto, socios, proveedores, empleados, usuarios, clientes, Administración, etc…

Las partes interesadas tienen una importancia capital en el SGSI; de hecho, a su satisfacción es a lo que está enfocada la norma ISO 27001:2022.

El primer paso es identificar cada una de las partes interesadas que sean relevantes para el SGSI para, a continuación, determinar cuáles son los requisitos que tienen las anteriormente identificadas. Serán estos requisitos, en el marco definido en el alcance de la organización, los que definan el diseño del SGSI.

2.1. Identificar las Partes Interesadas

a) La identificación de partes interesadas

De cara a simplificar la identificación de requisitos, es posible generar criterios que permitan la agrupación de las partes interesadas, generando tipos de parte que cumplirán con una serie de atributos y que serán tratados de igual forma. Asimismo, estas partes interesadas deben reconocer la conformidad con el SGSI una vez desarrollado. Esto supone que el proceso de comunicación con las partes interesadas debe funcionar bidireccionalmente recogiendo los requisitos de las partes y dando a conocer las medidas propuestas por la organización.

Es conveniente implementar y mantener un registro de las partes interesadas en el que se identifiquen de forma genérica las tipologías que las constituyen y los requisitos que generan. A continuación, podemos ver un cuadro de ejemplo de cómo podría ser este registro:

RxPxxx REGISTRO DE PARTES INTERESADAS

Revisión: _

PARTES INTERESADAS	IDENTIFICACIÓN	TIPO	RBLE.	MEDIDA PROPUESTA
Clientes / Usuarios	Integridad Disponibilidad Confidencialidad	Necesidad o Expectativa	Cargo	Descripción
Proveedores	Requisitos propios	Necesidad o Expectativa	Cargo	Descripción
Sociedad	Legislación vigente Salvaguardar su información de forma apropiada	Necesidad o Expectativa	Cargo	Descripción
Personal	Legislación vigente Mantener la organización funcionando Salvaguardar su información y trabajo	Necesidad o Expectativa	Cargo	Descripción
Inversores	Mantener una buena imagen que no permita una devaluación de la organización	Necesidad o Expectativa	Cargo	Descripción
Aseguradoras	Reducir el riesgo	Necesidad o Expectativa	Cargo	Descripción
Vecinos	Evitar molestias	Necesidad o Expectativa	Cargo	Descripción
Organización	Controlar los eventos que puedan poner en peligro su funcionamiento	Necesidad o Expectativa	Cargo	Descripción

Fecha: _/_/__

Este cuadro no implica necesariamente que haya de hacerse así; sin embargo, es conveniente tener en cuenta al menos esta información. Evidentemente cada organización tendrá criterios distintos y nomenclaturas diferentes para sus partes interesadas, la identificación de sus necesidades o expectativas y codificará su información documentada según tenga previsto.

Hay una serie de aspectos a tener en cuenta de cara a identificar correctamente las partes interesadas:

- ⇨ El accionariado necesita seguridad sobre su capital invertido y que la rentabilidad va a ser como mínimo la acordada.
- ⇨ Los clientes requieren el cumplimiento de las cláusulas de seguridad acordadas contractualmente.
- ⇨ Las entidades reguladoras requieren el cumplimiento legal y reglamentario sobre seguridad de la información.

- ⇨ Los medios de comunicación requieren una comunicación precisa y ágil sobre los eventos producidos.

b) Identificación de partes interesadas en la práctica

- ⇨ De cara a identificar las partes interesadas en la práctica seguiremos la ruta de procesos que implican a estos y a sus interrelaciones.
- ⇨ Dentro de cada proceso, la actividad de la organización estará compuesta por procedimientos, actividades y tareas. Para concretar quiénes son las partes interesadas, nos preguntaremos quiénes las desarrollan; de esta forma obtendríamos un primer cúmulo de partes interesadas.
- ⇨ El siguiente paso para seguir identificando partes es acudir a la alta dirección, así como a los jefes de departamento de la organización que aportarán información sobre los elementos que son considerados más importantes.
- ⇨ Por último, documentos como la política de calidad de la organización, donde encontraremos sus valores y la visión aportarán más información. Esto, unido a la revisión de contratos con proveedores, contratistas y clientes nos terminará de completar el esquema de partes interesadas.

2.2. Necesidades y Espectativas de las Partes Interesadas

Tras la identificación de las partes interesadas, es necesario conocer cuáles serán sus necesidades de cara a que nuestra organización pueda satisfacerlas.

La organización debe identificar, más allá de los requisitos de las partes interesadas, la legislación y reglamentación que les afecta y de qué forma lo hace, generando requisitos por sí mismas. Por último, deben tenerse en cuenta los requisitos contractuales con el resto de partes que habrán de considerarse requisitos igual de importantes que los de tipo legal.

La identificación de requisitos aplicables es previa al desarrollo del SGSI, registrando su origen, el requisito y el tipo de requisito de que se trata. Se puede ver un esquema resumen a continuación:

RxPxxx REGISTRO DE PARTES INTERESADAS

PARTES INTERESADAS	IDENTIFICACIÓN	TIPO
Clientes	Entregar productos y servicios con soporte y mantenimiento	CC
	Cumplir con los requisitos de ISO 27001	RN
	Garantizar una disponibilidad mínima del sistema	CC
	Tiempo de respuesta a incidentes	CC
Usuarios finales	Servicios disponibles	CC
	Protección de datos	RL
	Desarrollo de software	CC
Socios	Acuerdos de Confidencialidad	CC
	Aportar la documentación necesaria para la mejora de interfaces	RN
	Aportar la información técnica y comercial necesaria	E
Proveedores	Tiempos de entrega	CC
	Acuerdos contractuales	CC
	Formas de pago acordadas	CC
	Acuerdos de confidencialidad	CC
Empleados	Ambiente de trabajo seguro y apropiado	RN
	Formación y apoyo necesarios	RN
	Comunicación de los requisitos y expectativas de la organización	RN
	Protección de su información personal	RL
	Pago adecuado por sus servicios	CC
	Continuidad laboral	RN
	Oportunidades de desarrollo	RN
	Política de seguridad de la información	CC
Aseguradoras	Requisitos de la norma ISO27001	RN
	Fidelidad en los pagos	CC
	Comunicación en caso de cambios en las condiciones	CC
Administración	Leyes de protección de datos	RL
	Legislación sectorial	RL
	Plan de comunicación de eventos para minimizar los	RN

CC: Condición contractual
RN: Requisito de la norma
RL: Requisito legal
E: Expectativa

Hay que hacer varias consideraciones importantes sobre el análisis de las partes interesadas:

- ⇨ Las necesidades y expectativas son únicamente las que sean relevantes para la seguridad de la información.
- ⇨ Los requisitos legales y reglamentarios, como las obligaciones contractuales se pueden integrar como parte de los requisitos de las partes interesadas.

⇨ Es importante conocer las pretensiones que sobre la organización tienen las distintas partes interesadas de cara a satisfacer estos requisitos a través del SGSI.

3. Alcance del SGSI

Aunque hemos tratado anteriormente este apartado en el presente curso, es conveniente que se repase brevemente este concepto y su aplicación.

En este punto la norma expone lo siguiente:

> ***"La organización debe determinar los límites y la aplicabilidad del sistema de gestión de seguridad de la información para establecer su alcance.***
>
> ***Al determinar el alcance, la empresa debe tener en cuenta:***
>
> - ***Las cuestiones que se mencionan en 4.1.***
> - ***Los requisitos mencionados en 4.2.***
> - ***Las interfaces y dependencias existentes entre las actividades realizadas por la organización y las que son realizadas por otras organizaciones.***
>
> ***El alcance tendrá que estar disponible como información documentada."***

El alcance de un SGSI, política, proyecto o auditoría, etc. debe ser respaldado y acordado formalmente por las principales partes interesadas relevantes. De no identificarse de forma correcta y aceptarse formalmente el alcance seguramente habrá dificultades para realizar el plan de implantación del SGSI.

Es necesario que el alcance y la política general del SGSI sean dinámicos y que puedan ser evolutivos y adaptativos ante circunstancias, amenazas, tecnologías y requisitos cambiantes de su contexto. Por tanto, es importante que el alcance no sea fijado al inicio del proyecto y luego se mantenga estático. Con tal fin, se debe revisar con cierta frecuencia o bien, cada vez que se produzca un cambio significativo en las condiciones de la organización o de su contexto.

A la hora de definir el alcance del SGSI se tendrán en cuenta el Contexto, y las Partes interesadas de los que acabamos de hablar. La definición de un alcance adecuado permitirá cumplir con los requisitos de seguridad y planificar e implementar el sistema.

Previamente a definir el alcance, se tendrán en cuenta:

- ⇨ Los requisitos de seguridad identificados en los requisitos de las partes interesadas.
- ⇨ Prestar especial atención y diferenciarlos de los demás a los servicios críticos que puedan tener un impacto severo en cualquiera de las partes interesadas.
- ⇨ Definir, antes del alcance del SGSI el alcance de la organización de forma general.
- ⇨ Definir el alcance de la Tecnología de Comunicación de Información en la organización.
- ⇨ Definir el alcance físico e incluso geográfico de la operativa de la organización.
- ⇨ Tener en cuenta las actividades externas que puedan afectar a la seguridad de la información.

4. Sistema de Gestión de Seguridad de la Información

> ***"La organización debe establecer, implementar, mantener y mejorar continuamente un sistema de gestión de seguridad de la información, incluyendo los procesos necesarios y sus interacciones, de acuerdo con los requisitos de este documento."***

Para una correcta implementación de un sistema acorde a la norma ISO 27001:2022, este debe demostrar que los procesos están implementados de forma interrelacionada de forma que evidencie que el sistema existe, está actualizado y es eficaz para el contexto y los objetivos definidos por la organización.

Este apartado de la norma lo que pretende es dar las directrices generales para el SGSI. Este debe permitir a la organización cumplir con los tres criterios básicos de seguridad de la información: Confidencialidad, Integridad y Disponibilidad (CIA: Confidentiality, Integrity, Availability). En ese sentido, el SGSI basado en ISO 27001:2022 implica la existencia de políticas, procedimientos y otros controles, conocimiento, medios, personas, procesos y tecnología que garanticen la seguridad.

La norma ISO 27001 aporta un estándar sistemático y estructurado de gestión de datos en la organización pata que estos se mantengan seguros. Para ello, sigue un esquema de trabajo basado en establecer políticas y procedimientos, realizar evaluaciones de los riesgos y por último implementar controles para minimizar y gestionar los riesgos.

A partir de aquí se desarrolla la sistemática que controlará la documentación, las auditorías internas y revisión de la gestión de la seguridad de la información.

El final del proceso, que se repetirá periódicamente es la capacidad de la organización de demostrar su conformidad con la norma mediante la prueba de una auditoría por parte de una entidad independiente que valorará si el sistema es adecuado.

4.1. Controles de la Norma

La norma ISO 27002:2022 plantea una serie de 93 controles que permiten verificar si el funcionamiento del SGSI es adecuado. Estos controles se aglutinan en 4 categorías y permiten, además de verificar el sistema, gestionar los riesgos de seguridad:

1. Organización.
2. Personas.
3. Físicos.
4. Tecnológicos.

4.2. Requisitos para la Certificación

En capítulos anteriores ya se ha comentado que la orientación de los sistemas ISO es siempre hacia la certificación, es decir, son sistemas que están hecho para ser revisados de forma externa e independiente con el fin de ser certificados y que sean reconocidos por cumplir con los estándares que plantea.

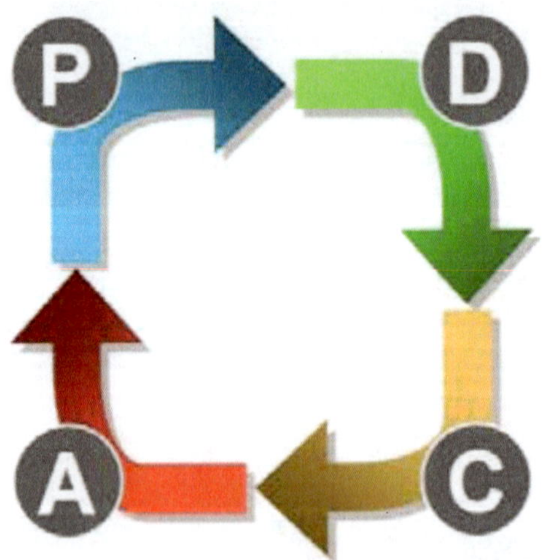

Con el fin de certificarse, se requiere el cumplimiento de un proceso PDCA por el que la implantación, revisión y mejora no paran nunca y, por tanto, se trata de sistemas dinámicos. Sin embargo, se establecen una serie de requisitos que para cada versión de la norma son inamovibles.

En el caso de la versión de ISO 27001 vigente son:

1. Definir el alcance el SGSI.
2. Realizar una evaluación de riesgos. Identificando los que pudieran afectar a la confidencialidad, integridad y/o disponibilidad de la información.
3. Implementar un proceso de gestión de riesgos. Para ello tiene que desarrollarse un procedimiento de evaluación y gestión de los riesgos para tomar las medidas oportunas.
4. Establecer un marco de gestión. De cara a mantener una implementación activa del SGSI.
5. Asignar funciones y responsabilidades. Es necesario que cada uno sepa cuales son sus funciones en materia de seguridad de la información.
6. Formar, comunicar e implicar a los empleados. Esto permitirá, además de que los trabajadores conozcan sus responsabilidades, que se alineen con los valores de la organización en materia de seguridad de la información, permitiendo por tanto que estos sean una fuente de información activa del SGSI.
7. Gestión de la documentación. Hay que establecer de forma controlada un sistema documental que permita la conservación y actualización de los documentos que conforman el sistema, especialmente en lo que se refiere a políticas, procedimientos y controles.
8. Gestionar los registros. Estos documentos son los que sirven para evidenciar la implantación del sistema y suponen las huellas de todos los movimientos y operaciones realizadas en el SGSI.
9. Implementar y operar controles. Son los que están diseñados para el control y mitigación de los riesgos.
10. Monitorear y revisar el SGSI. Supervisa, mide, analiza y evalúa el sistema. Estos controles han de aplicarse también a sí mismos, comprobando que el sistema de monitorización es adecuado.

11. Mejorar de forma continua. La aplicación de medidas correctivas y preventivas permite evitar la reaparición de errores previamente identificados.

4.3. Recomendaciones y Buenas Prácticas

Junto con los requisitos expuestos es conveniente que se desarrollen una serie de condiciones en la organización para que el SGSI tenga una vida más útil y larga:

⇨ La dirección y los equipos de apoyo deben, de una parte, comprometerse con el sistema comprendiendo las ventajas que aporta y aportando los recursos necesarios para su función; y de otra, que los responsables de la prestación de servicio y de cada tarea estén implicados.

⇨ Crear una política general de seguridad de la información. Será un reflejo del compromiso de la organización en esta materia.

⇨ Elaborar una declaración de aplicabilidad. Esto respalda documentalmente la aplicación de la gestión de riesgos.

- ⇨ Diseño de procedimientos e instrucciones de trabajo. Por decirlo de alguna manera, esto permitirá trabajar con un mayor grado de detalle.
- ⇨ Realizar auditorías internas. Se trata de una revisión previa a la auditoría de certificación y que permite evaluar el sistema, viendo cual es el cumplimiento de los requisitos de la norma.

Por otro lado, aunque no sean requisitos para el buen funcionamiento del SGSI, se puede decir que va a ayudar a que este funcione mejor, además de tener una serie de ventajas internas:

1. Comunicación interna: Es recomendable que la comunicación con las partes interesadas sea frecuente, ágil y sincera. Esto va a aportar una información muy útil a la hora de la implantación efectiva. Especialmente, será interesante la opinión que puedan dar sobre la propia implantación del sistema, incluso antes de entrar en materia.
2. Estructurar y ordenar el trabajo. Es importante tener claro una buena hoja de ruta en la implantación de un sistema, tratando de no hacer toda la implantación a la vez. En primer lugar, hay que centrarse en conocer los puntos débiles de la organización, y en especial los más importantes.
3. La comunicación externa. Es muy interesante la aportación que otras organizaciones puedan traerte, sobre todo de aquellas que ya estén implementadas, cruzar información sobre cómo hacer las cosas puede ser beneficioso para ambas partes.

RESUMEN

- El contexto de la organización es el conjunto de asuntos internos y externos que definen a la organización. Identificando qué aspectos constituyen el contexto de la organización y de qué forma afectan a la seguridad de la información.
- El contexto interno engloba los procesos, la estructura y las líneas estratégicas de la organización.
- El contexto externo implica a todo el entorno exterior de la organización pero que tiene influencia en la seguridad de la información de la misma.
- A partir del contexto, se desarrollará la identificación y valoración de riesgos asociados. Una vez conocido el nivel de riesgo, se compara con el nivel de aceptación de este para conocer si el sistema es adecuado.
- Existen 4 tareas esenciales para el trabajo con el riesgo: evaluar, tratar, aceptar y estimar.
- La identificación de las fuentes de riesgo sirve para determinar el origen del mismo y las consecuencias que puedan afectar a la seguridad de la información. Su objetivo es conocer el nivel de las distintas amenazas y de la vulnerabilidad del sistema.
- Las partes interesadas son las personas u organizaciones relevantes e influyentes para el SGSI, así como para el desempeño general. También son partes interesadas las que son influidas por la actividad del SGSI.
- La organización debe identificar cuáles son las partes interesadas y cuáles son sus necesidades y expectativas, a las que se atenderán como requisitos.
- Una vez identificadas las partes interesadas es conveniente agruparlas para tratarlas de forma sistemática, desarrollando un sistema que satisfaga los requisitos de cada uno de estos grupos.
- Las partes interesadas pueden ser internas y externas, considerando partes que están dentro de la organización como personal, dirección o los distintos departamentos; o pueden ser externas como sería el caso de clientes, usuarios, administraciones, inversores, etc.

- Los requisitos de las partes interesadas serán de distinta índole, pero todas deben ser tenidos en cuenta, desde la legislación, hasta las demandas de servicio, pasando por los compromisos contractuales pero que sean relevantes para la seguridad de la información.
- El alcance determinará los límites y aplicabilidad del SGSI. Esto tiene relación con el contexto y con las partes interesadas, así como las relaciones que éstos tienen entre sí.
- La organización debe establecer, implementar, mantener y mejorar continuamente un sistema de gestión de seguridad de la información, incluyendo los procesos necesarios y sus interacciones, de acuerdo con los requisitos de este documento. Para su implementación hay que diseñar un Mapa de procesos que englobará todo el sistema y se desarrollará en distintos procedimientos e instrucciones técnicas.
- El SGSI debe esta implementado, actualizado y ser eficaz acorde al contexto, alcance y objetivos de la organización. Además, el sistema debe permitir cumplir con los criterios básicos de la Seguridad de la información: Confidencialidad, Integridad y Disponibilidad.
- La norma plantea un total de 93 controles diferentes para verificar si el SGSI cumple con sus requisitos, aglutinados en 4 categorías.
- La certificación es un proceso de validación externa del funcionamiento del SGSI. Esta validación se obtiene mediante la auditoría de certificación, que consiste en una revisión del sistema por parte de una entidad independiente, externa y reconocida a nivel internacional.
- Los sistemas basados en ISO 27001:2022 deben tener un enfoque de planeamiento, ejecución, revisión y actuación, conocido como ciclo PDCA.
- Es conveniente desarrollar prácticas que refuercen el SGSI además del cumplimiento sistemático de requisitos. Estas tendrán relación con la dirección y el organigrama completo, con las políticas de la organización, el diseño de los planes de trabajo y el control periódico del sistema. Además, es recomendable tener en cuenta la importancia de la comunicación interna y externa y la correcta estructuración del trabajo.

ICB
EDITORES

UNIDAD

1.5. Liderazgo

Contenido de la Unidad

- Liderazgo y Compromiso
- Políticas
- Aprobar, Comunicar y Sensibilizar
- Roles y Responsabilidades
- Resumen

ICB
EDITORES

1. Liderazgo y Compromiso

La norma en este punto establece una serie de directrices sobre cómo debe gestionarse el liderazgo en materia de seguridad de la información:

"La alta dirección deberá demostrar liderazgo y compromiso con respecto a la información sistema de gestión de seguridad por:

a. Garantizar que se establezcan la política de seguridad de la información y los objetivos de seguridad de la información y sean compatibles con la dirección estratégica de la organización.

b. Asegurar que se integren los requisitos del SGSI en los procesos de la empresa.

c. Asegurar que los recursos necesarios para el sistema de gestión de seguridad de la información estén disponibles.

d. Comunicar la importancia de una gestión eficaz de la seguridad de la información y de conformidad a los requisitos del sistema de gestión de seguridad de la información.

e. Asegurar que el SGSI alcance los resultados esperados.

f. Dirigir y apoyar a las personas para contribuir a la eficacia de la seguridad de la información del sistema de gestión.

g. Promover la mejora continua.

h. Apoyar otros roles gerenciales relevantes para demostrar su liderazgo en lo que se refiere a sus áreas de responsabilidad."

Un plan de seguridad de la información que cumpla con los requisitos de la norma ISO 27001 requiere de la alta dirección de la organización que su participación sea activa y comprometida, incrementando una presencia ocasional de la dirección en las reuniones de revisión del SGSI.

El propósito de involucrar a la alta dirección en el sistema de gestión de la seguridad de la información es dar garantías de que el gobierno organización esté alineada con el marco de gestión de la seguridad de la información.

En resumen, es necesario saber cuáles son las implicaciones del liderazgo en la seguridad de la información. Pues básicamente que la dirección de la organización debe liderar las siguientes cuestiones:

- ⇨ Fijar las expectativas sobre los logros del programa de seguridad de la información.
- ⇨ Definir los objetivos de seguridad de la información que estarán en consonancia con la política y objetivos generales definidos.
- ⇨ Estudiar y diseñar la posición que la organización va a tomar en cuanto a los riesgos a asumir.

1.1. Aplicar el Liderazgo

La alta dirección tiene la responsabilidad de aplicar el liderazgo a toda la organización, implicando con ello a todos los departamentos y jerarquía de la misma.

a) Implicación del personal

Por mucho que hablemos de liderazgo, la seguridad está ligada íntimamente a todos los empleados de la organización que sean de alguna forma parte del alcance. Aunque esto suponga un hecho indiscutible, hay que decir también que la existencia de un plan de seguridad de la información bien implantado aporta un liderazgo efectivo de la alta dirección. Esto es una implicación de la dirección comprometida con la seguridad.

Darle importancia a la seguridad de la información implica:

- ⇨ **Políticas:** Políticas e instrucciones bien elaboradas.
- ⇨ **Enfoque basado en riesgos:** Hay que asegurarse de que todos conozcan la importancia de un enfoque basado en procesos y un pensamiento basado en riesgos.

⇨ **Liderazgo:** La exigencia debe estar acorde con la altura en la jerarquía. Esto implica una fusión de valores éticos y compromiso de seguridad al más alto nivel.

De todo esto se extrae que es necesario que la seguridad de la información tenga unas raíces profundas en la cultura de la organización. Para ello, la alta dirección deberá asegurar los recursos necesarios para el SGSI, garantizar la comunicación a todo el personal de la importancia del sistema y finalmente, establecer objetivos de seguridad de la información.

Como conclusión, los objetivos de seguridad deben estar originados por un plan de seguridad de la información, que serán consecuencia de las políticas de seguridad y un análisis de riesgo.

b) Revisión del SGSI

Otra de las responsabilidades de la dirección, según la norma ISO 27001, será, la planificación, incluyendo el establecimiento de objetivos y la revisión del nivel de cumplimiento de requisitos de forma continua y directa.

c) Mejora

Otro de los requisitos a recoger en las políticas de seguridad de la información, es el compromiso con la mejora continua.

En ese sentido la norma es clara y recoge en sus líneas este compromiso de la siguiente forma:

“Los resultados de la revisión de la gestión deben incluir decisiones relacionadas con las oportunidades de mejora continua y cualquier necesidad de cambios en el sistema de gestión de seguridad de la información".

d) Gestión de recursos

La dirección debe comprometerse a asignar todos los medios necesarios, así como de procurar la adecuada capacitación al personal de cara a que los recursos puedan cumplir con sus atribuciones al respecto de la seguridad de la información.

Por decirlo de otra forma, La alta dirección de la organización debe liderar la implementación del SGSI demostrando su compromiso con el SGSI de la siguiente forma:

- ⇨ Garantizando que las políticas y los objetivos del SGSI estén establecidos e integrados con los procesos de la organización.
- ⇨ Asegurando que el SGSI tenga los recursos necesarios para lograr los resultados esperados.
- ⇨ Asegurando de que las personas entiendan la importancia real de la seguridad de la información. Se alienta a los gerentes a demostrar su liderazgo y compromiso con la seguridad de la información dentro de su campo.

En próximos capítulos se desarrollan individualmente la gestión tanto de los recursos como de la mejora y la revisión del sistema. Aquí solo se habla someramente del tema porque hace alusión a las implicaciones del liderazgo.

1.2. La Estrategia de Seguridad

La Estrategia de seguridad debe prestar especial atención a las siguientes áreas temáticas de la organización:

1. Los procesos críticos.
2. Los requisitos legales y normativos.
3. Los sistemas de tratamiento de la información y el personal que los administra.

4. El proceso de compras y los proveedores.

5. El proceso de marketing.

Es una buena idea incluir sistemas de seguridad del tipo middleware como control de seguridad de la información, determinando los permisos de los que disfruta cada tipo de usuario o de cada puesto en la organización. De esta forma se puede limitar la cantidad datos delicados que se almacenan en sus equipos de trabajo.

Además de las soluciones tecnológicas, el liderazgo auténtico y saludable es capaz de definir las responsabilidades de cada puesto del organigrama para que su trabajo sea seguro. Este no es un trabajo sencillo, aunque los planes de implicación, las políticas y una dirección ejemplar ayuda a que los procedimientos e instrucciones de trabajo sean más eficaces en materia de seguridad de la información.

A veces, las actividades de la organización chocan con las tareas de la seguridad, como es frecuente que ocurra con los cortafuegos perimetrales, la autenticación de puertos, la administración de configuración centralizada y algunos sistemas de autenticación. Llegados a este punto será preceptivo buscar un equilibrio entre requisitos de seguridad / privacidad y necesidades de los usuarios finales.

- **Eligiendo una estrategia de seguridad**

Hay casos en los que la complejidad de los usuarios es elevada, en lo referente al personal, así como a usuarios que depositan sus datos en el sistema de información de la organización, a la vez de tener diversidad en sus conexiones, equipos y tareas. En estos casos el cortafuegos para la protección de sistemas críticos entrará fácilmente en conflicto a la hora de permitir accesos temporales y dará probablemente problemas en las zonas perimetrales entre otros.

En sistemas con administración de seguridad centralizada, es relativamente común que tengan problemas de estabilidad a la hora de incorporar equipos individuales que normalmente no están conectados a la red.

Con estos dos ejemplos que hemos puesto, vemos que no hay un sistema único infalible que mantenga una buena usabilidad, estabilidad y seguridad al mismo tiempo, por lo que, dependiendo de la tipología del sistema de gestión de la información, será la gerencia la que decida qué tipo de sistemas de seguridad aplicar y qué recursos aplicar para asegurar la seguridad de la información.

2. Políticas

Este tema se ha tratado previamente junto con el Alcance, pero ahora ha llegado el momento de definirlo desde el enfoque de la dirección.

"La alta dirección tiene que establecer una política de SI que:

a. Sea acorde con el propósito de la organización.

b. Incluya objetivos de seguridad de la información (ver 6.2) o proporcione el marco para establecer objetivos de seguridad de la información.

c. Cuente con un compromiso de satisfacción de los requisitos aplicables en relación con la SI.

d. Cuente un compromiso de mejora continua del SGSI.

La política de seguridad de la información deberá:

a. Estar disponible como información documentada.

b. Ser comunicada dentro de la organización.

c. Estar a disposición de los interesados, según corresponda."

El primer paso a la hora de definir la política de seguridad es reconocer los requisitos de la norma que acabamos de exponer.

Así pues, vemos que, a la hora de definir la política, se tendrán que:

⇨ Tener en cuenta el compromiso y apoyo de la alta dirección al SGSI y con el cumplimiento de los requisitos de la norma.

⇨ Considerar el alcance dentro del documento de la política y definir roles y responsabilidades del personal al respecto de la seguridad de la información.

⇨ Establecer los criterios de aceptación del riesgo y de uso de los recursos.

⇨ Identificar los objetivos y metas de la seguridad de la información, para proteger la confidencialidad, integridad y disponibilidad de la información.

⇨ Comprometerse con la mejora continua del SGSI.

2.1. Objeto de la Política

Su objeto esencial es definir de forma general los objetivos de seguridad de la información de la organización. Por tanto, se hace necesario plantear cual o cuales son los objetivos a conseguir por la organización y cuál es la funcionalidad general y el estado del sistema.

Por lo tanto, debe ser un documento genérico y claro a cualquier intérprete dejando claros la su utilidad, la aplicabilidad de la norma y los responsables de su ejecución.

2.2. A Incluir en la Política

De cara a la redacción de la política, es necesario que esta se adecue a la realidad de la organización, considerando tamaño, complejidad y actividad de la misma.

Debe incluirse:

- ⇨ Los objetivos de la organización, dejando clara la implicación de la seguridad de la información y la importancia comercial en la actividad.
- ⇨ Los requisitos de las partes interesadas son tenidos en cuenta en la política. Por tanto, es necesario que se identifique, de forma genérica
  - el alcance del sistema.
  - las partes interesadas.
  - los requisitos de las partes interesadas.
- ⇨ Las responsabilidades del SGSI. Es importante identificar las de tipo estratégico para la seguridad de la información; como serían las relacionadas con la gestión de riesgos, auditorías internas o gestión de incidencias.
- ⇨ La estructura de la organización. Es interesante vincular de alguna forma la política con el mapa de procesos de la organización.
- ⇨ El enfoque y método de análisis y evaluación de riesgos. Se trata de definir cuál es el enfoque cualitativo y cuantitativo respecto a los riesgos aceptables según las características de la organización y su tolerancia al riesgo.

Aunque no sean obligatorias según la norma, hay una serie de cosas que es conveniente identificar dentro de la política de seguridad:

- ⇨ El compromiso de cumplimiento legal y regulatorio, las obligaciones contractuales y la mejora continua en sus prácticas.
- ⇨ Los documentos de referencia, procedimientos relevantes o directivas específicas que marquen las decisiones en el sector de la organización.
- ⇨ La afección que tiene la seguridad de la información en la actividad general de la organización.

Su estilo textual debe ser claro y mantener la claridad suficiente para que toda la jerarquía de la organización pueda comprenderla sobradamente, no solo la dirección o los responsables con cierto nivel técnico.

Hay que definir cuál es el propietario de la política de seguridad, incluyendo el compromiso de actualización de la misma.

A continuación, de cara a esclarecer un poco más cómo implementar una política de Seguridad de la Información, se puede ver el esquema de la política real de una empresa de primer nivel. Como se puede comprobar es un documento complejo dado que es una organización grande; de hecho, el documento original tiene más de 15 páginas.

1. Introducción
    1.1. Objetivo
    1.2. Alcance
    1.3. Adaptación y desarrollo por parte de las filiales de la política
2. Principios de la política de la información
3. Compromiso de la dirección
4. Roles y responsabilidades
5. Gestión de la seguridad de los recursos humanos
    5.1. Formación y concienciación
    5.2. Política de mesas limpias
6. Gestión de activos
    6.1. Gestión de dispositivos personales
    6.2. Gestión del ciclo de vida de la información
    6.3. Gestión de las copias de seguridad
7. Clasificación de la información
    7.1. Tipos de información
    7.2. Niveles de clasificación
    7.3. Gestión de información privilegiada
    7.4. Etiquetado de la información
    7.5. Manipulación de la información
    7.6. Privacidad de la información
8. Prevención de fugas de información
9. Control de acceso

9.1. Requisitos de negocio para el control de acceso
9.2. Derechos de acceso
9.3. Control de acceso lógico
9.4. Teletrabajo

10. Gestión del ciclo de vida de la identidad
    10.1. Identidades privilegiadas
11. Seguridad física y del entorno
12. Seguridad en trabajo en la nube
13. Seguridad en la operativa
14. Seguridad en las telecomunicaciones
15. Seguridad en el ciclo de vida del desarrollo de sistemas
16. Seguridad en los proveedores
17. Gestión de incidentes
18. Continuidad de negocio
19. Cumplimiento regulatorio
20. Auditorías de seguridad y gestión de vulnerabilidades
21. Gestión de excepciones
22. Sanciones disciplinarias
23. Revisión de la política
24. Anexos

3. Aprobar, Comunicar y Sensibilizar

De cara a garantizar el apoyo de la dirección a la política del SGSI, esta debería ser rubricada por el máximo responsable de la organización.

Además, la política debe ser comunicada a toda la estructura de la organización, transmitiendo de forma generalizada las ideas de la política a todo el personal con cierta frecuencia, puesto que ésta, como vimos anteriormente es dinámica y sufre cambios con cierta frecuencia. Además, es necesario que conozcan en profundidad cuáles son sus atribuciones específicas en seguridad de la información.

La revisión y actualización debe ser adaptativa al entorno de riesgo en que se desarrolla la actividad de la organización y a la evolución interna de la misma.

Para evitar desfases con el resto del SGSI y que sea una política actualizada, es conveniente que este documento se incluya dentro del proceso de mejora continua del sistema ya que tiene una relación bidireccional con documentos de más bajo nivel y siempre debe estar vinculada con ellos.

4. Roles y Responsabilidades

"La alta dirección se asegurará de que las responsabilidades y autoridades de los roles relevantes para la seguridad de la información sean designados y comunicados dentro de la organización.

La alta dirección asignará las responsabilidades y autoridades para:

a. *Garantizar que el sistema de gestión de la seguridad de la información se ajuste a los requisitos de la norma.*
b. *Dar información acerca del desempeño del SGSI a la alta dirección."*

Se puede ver en el anterior extracto de la norma ISO 27001:2022 que, en último término, la seguridad de la información es compromiso de la dirección de la organización con los requisitos a cumplir por su SGSI. En ese sentido, será necesaria la asignación de responsabilidades y asignando recursos para las tareas del mismo.

Sin embargo, es posible que la dirección no tenga los conocimientos o el tiempo disponibles para la culminación de este trabajo. En tal caso, será una opción adecuada la delegación de estas tareas o, directamente su externalización. En cualquier caso, la responsabilidad final de que se cumplan los requisitos en materia de seguridad de la información será de la dirección.

Con el fin de asignar correctamente los recursos, es necesario asignar los trabajos en función de los roles que el personal desarrollará. Estos roles serán variables en función de la complejidad que presente la organización, el alcance del sistema y el personal.

De todas formas, es posible definir unos roles que tienen un uso muy extendido. Si bien no son todos los posibles, si que cubren la mayor parte de los casos:

- Director de seguridad de la información. Es el cargo de mayor rango en lo referente a seguridad de la información. En general, solo responde a la alta dirección y su desempeño está en paralelo en jerarquía con la dirección.

- Consultor de seguridad. Es un cargo genérico, ya que en sus atribuciones pueden incluir cualquier tarea relacionada con la seguridad de la información. Algunas de las más típicas pueden ser la protección de equipos, redes, software, datos, sistemas de protección anti malware, control de acceso a la información, entre otros.

- Analista de seguridad. Es el responsable del análisis de las vulnerabilidades de la infraestructura. De igual modo tiene que ser conocedor de las herramientas y contramedidas que permitan reparar las vulnerabilidades encontradas y aporta las soluciones a poner en marcha. Además, realiza el análisis y evaluación de los daños producidos en los datos o la infraestructura por los eventos de seguridad.

- ⇨ Ingeniero de seguridad. Practica la monitorización de la seguridad de la información y estudia a posteriori los incidentes producidos para diseñar los mecanismos de respuesta e implementar mejoras en el sistema.
- ⇨ Arquitecto de seguridad. Es el diseñador de los sistemas de seguridad y será el líder en un equipo de diseño de seguridad.
- ⇨ Administrador de seguridad. Instala y administra los sistemas de seguridad en toda la organización.
- ⇨ Desarrollador de software de seguridad. Es el encargado de desarrollar el sistema, donde se incluyen la monitorización, el análisis de tráfico, la detección de malware, la detección de intrusos, etc.
- ⇨ Criptógrafo. Desarrolla en sistema de encriptado del sistema, desarrollando desde cero o bien mejorando el cifrado. De esta forma se codifica la información para, en caso de sustracción, los datos sean inútiles.
- ⇨ Analista criptógrafo. Analiza la información cifrada para romper el código o para conocer el fin del malware. De alguna forma práctica algo así como un cifrado inverso.
- ⇨ Usuarios autorizados de los sistemas de información. Aparte de los cargos anteriores, el resto de personal que tenga acceso a los datos tiene la responsabilidad de velar por la seguridad de la información. Esta responsabilidad está relacionada con el reporte de situaciones anómalas en el sistema de información, en la red o respecto a nuevos accesos. Además, estos usuarios tienen que mantener seguras sus contraseñas y los códigos de acceso de modo que garanticen, a su nivel, el uso adecuado de recursos de la organización.

4.1. Recursos

El primer paso de cara a afrontar la seguridad de la información es conocer la suficiencia de los recursos que tiene la organización para el buen funcionamiento del SGSI. Esto implica tanto los medios y el conocimiento necesarios para desarrollar las funciones de la seguridad de la información.

En ese sentido, el nivel de capacitación técnica de un puesto debe ir en consonancia con los requisitos del trabajo a realizar. Con ello se persigue que se puedan resolver problemas técnicos y usar técnicas, métodos y equipos del sistema que sean relevantes para el mismo.

La alta dirección debe garantizar que las personas con tareas específicas de seguridad de la información sean adecuadas tanto en habilidades, como en experiencia.

Para concluir, el conocimiento y capacidad del personal con funciones de seguridad de la información debe estar en continua evolución, adaptándose a la tecnología y prácticas comerciales.

Resumen

- El Liderazgo es la responsabilidad de la dirección con la seguridad de la información. Este pasa por garantizar la existencia de una política y unos objetivos de seguridad, asegurar el cumplimiento de los requisitos del SGSI, garantizar la dotación de recursos, comunicar el compromiso con la seguridad de la información, asegurar la consecución de los resultados esperados, dirigir al personal a cumplir con sus responsabilidades, promover la mejora continua y apoyar al liderazgo de todo el escalafón.
- La alta dirección debe tener una participación activa en el SGSI. Su liderazgo debe extenderse a toda la organización. Esto implica que debe diseñarse e implantarse un plan de seguridad que incluya todos los niveles de la organización.
- El plan de seguridad debe incluir la implantación y mantenimiento de las políticas de seguridad, el enfoque basado en riesgos y el liderazgo.
- La dirección debe estar comprometida con las necesidades del SGSI asegurando el cumplimiento de los requisitos, asignando los recursos necesarios y dando a conocer la importancia de la seguridad de la información en toda la organización.
- La gestión estratégica de la seguridad debe tener en cuenta los procesos críticos, los requisitos, los sistemas y el personal que trata la información, las compras y los proveedores y el marketing de la organización.
- Es necesario que se definan correctamente los puestos de trabajo de forma estructurada y clara para que todo el personal tenga claro cuál es su puesto, su jerarquía y responsabilidades asociadas.
- La estrategia de seguridad será más compleja en tanto más lo sea la propia organización. Para ello, se determinarán áreas y tipologías de usuarios para el desarrollo de protocolos y políticas específicos. La estrategia debe adaptarse a una realidad cambiante en cuestiones como tecnologías, riesgos o usuarios.
- El liderazgo respecto a la política de seguridad de la información estará relacionado con la garantía del cumplimiento de requisitos, la adaptación

a los cambios y su difusión.

- El objeto principal de la política será definir de forma general los objetivos de seguridad de la información de la organización.
- La política debe incluir: objetivos de seguridad, requisitos de las partes interesadas, las responsabilidades del sistema, la estructura de la organización y, por último, el enfoque y método de riesgo.
- Respecto al personal, la alta dirección debe asegurar que los roles y responsabilidades estén bien definidos. Para ello se asignará al personal todas aquellas funciones y responsabilidades que garanticen el cumplimiento de los requisitos.
- Dentro del SGSI se pueden dar una variada tipología de roles que será mayor, en proporción a la complejidad del SGSI. El abanico de roles incluirá funciones de dirección, supervisión, análisis, ejecución de tareas, diseño de protocolos, revisión de resultados y un largo etc. La cuestión es que todos los aspectos de la seguridad de la información estén cubiertos por esta estructura.
- Los recursos deben ser los necesarios para afrontar el buen funcionamiento del SGSI, incluyendo personal, medios y conocimiento para el desarrollo de sus funciones.
- Los recursos de la organización deben estar en continuo proceso de adaptación a los cambios que se producen en el entorno de trabajo de la organización.

UNIDAD

1.6. Planificación

Contenido de la Unidad

- Acciones para Tratar Roesgps y Oportunidades
- Objetivos de la SI y Planes para Alcanzarlos
- Planificación de los Cambios
- Resumen

ICB
EDITORES

1. Acciones para Tratar Roesgps y Oportunidades

1.1. Generalidades

"Al planificar el sistema de gestión de seguridad de la información, la organización debe considerar las cuestiones a que se refiere el apartado 4.1 y los requisitos a que se refiere el apartado 4.2 y determinar los riesgos y oportunidades que deben ser dirigidas a:

a. Asegurar que el SGSI pueda alcanzar los resultados esperados.
b. Evitar o minimizar los efectos no deseados.
c. Lograr la mejora continua.

La organización debe planificar:

a. Acciones para abordar los riesgos y oportunidades.
b. Cómo:
   1. Integración e implementación de acciones en los procesos del SGSI.
   2. Evaluar la efectividad de estas acciones."

Estas acciones han de cubrir un análisis sistemático de las amenazas y permitir implantar acciones para atacar los riesgos y las oportunidades que se plantean. Por tanto, nos encontramos con un concepto amplio de acción preventiva.

Se deben señalar los riesgos y oportunidades que afectan al contexto de la organización y establecer acciones para abordar ambas cuestiones.

La identificación de riesgos sobre el contexto ya se trató en el tema del Contexto. En ese punto se relacionó con las necesidades y expectativas de las partes interesadas del SGSI.

Respecto a los riesgos y oportunidades, la identificación de riesgos se llevará a cabo desde el prisma de la consecución de los resultados esperados y con la prevención y/o mitigación de consecuencias no deseadas; no pudiendo ignorar el cumplimiento con la mejora continua. Esta última se alcanza mediante la integración de la evaluación y medición de la efectividad de las acciones emprendidas dentro del mismo SGSI.

1.2. Evaluación del Riesgo para las SI

"La organización debe definir y aplicar un proceso de evaluación de riesgos de seguridad de la información que:

a. Establezca y mantenga los criterios de riesgo de SI incluyendo:
   1. Criterios de aceptación del riesgo.
   2. Criterios para realizar evaluaciones de riesgos de seguridad de la información.

b. Asegura que las evaluaciones de riesgos de seguridad de la información repetidas producen resultados consistentes, válidos y resultados comparables.

c. Identifique los riesgos de SI:
   1. Aplica el proceso de evaluación de riesgos de seguridad de la información para identificar los riesgos asociados con la pérdida de confidencialidad, integridad y disponibilidad de la información en el ámbito del SGSI.
   2. Identifica a los propietarios del riesgo.

d. Analice los riesgos de SI.
   1. Evalúa las consecuencias potenciales que resultan si los riesgos identificados en 6.1.2 a)
   2. Prioriza los riesgos analizados para el tratamiento de riesgos.

La organización tiene que mantener información documentada acerca del proceso de evaluación de riesgos de SI."

La evaluación de riesgos supone el pilar maestro de la cúpula de acciones para abordar los riesgos y oportunidades; y para su puesta en marcha, la organización debe considerar en el SGSI los siguientes criterios:

- ⇨ Identificar riesgos de la SI.
- ⇨ Fijar los criterios de aceptación.
- ⇨ Fijar unos criterios de evaluación que aporten resultados consistentes, válidos y evaluables.
- ⇨ Mantener información documentada que permita demostrar todo el proceso y sus resultados.

Hay que tener en cuenta que la evaluación de riesgos es, ni más ni menos, proteger la misión y los activos de la organización. Por lo tanto, no es solo un tema técnico, sino que hay que mantener una visión general de la gestión de riesgos. En consecuencia, entender bien los riesgos específicos es prioritario sobre los aspectos técnicos para llevarlo a cabo. El objetivo final es que el propietario del activo ponga en marcha controles y mecanismos de seguridad adaptados a la importancia del activo.

Otra condición a considerar en la evaluación de riesgos es que los recursos de la organización no son infinitos y que esto implica una necesaria asignación discriminada y ponderada de los mismos en función de la magnitud de cada riesgo; y que a su vez, los controles aplicados sean adecuados.

La evaluación de riesgos se realiza tras un proceso de dos pasos:

- ⇨ Identificar amenazas y vulnerabilidades.
- ⇨ Determinar la probabilidad e impacto de cada riesgo.

A pesar de ser un proceso aparentemente simple, en general no lo es, dado que la información que tenemos para afrontarlo es incompleta, imperfecta y sujeta, en ocasiones, a valoraciones mejorables y procedimientos imperfectos.

♦ Cómo aplicar la evaluación de riesgos

Es necesario que se diseñe y ejecute un proceso de evaluación de riesgos que permita a la organización la identificación, análisis y evaluación sistemática de los riesgos de seguridad de la información vinculados a un sistema, que además incluya controles para su gestión.

A continuación, podemos ver un ejemplo de mapa de proceso de la gestión de riesgos:

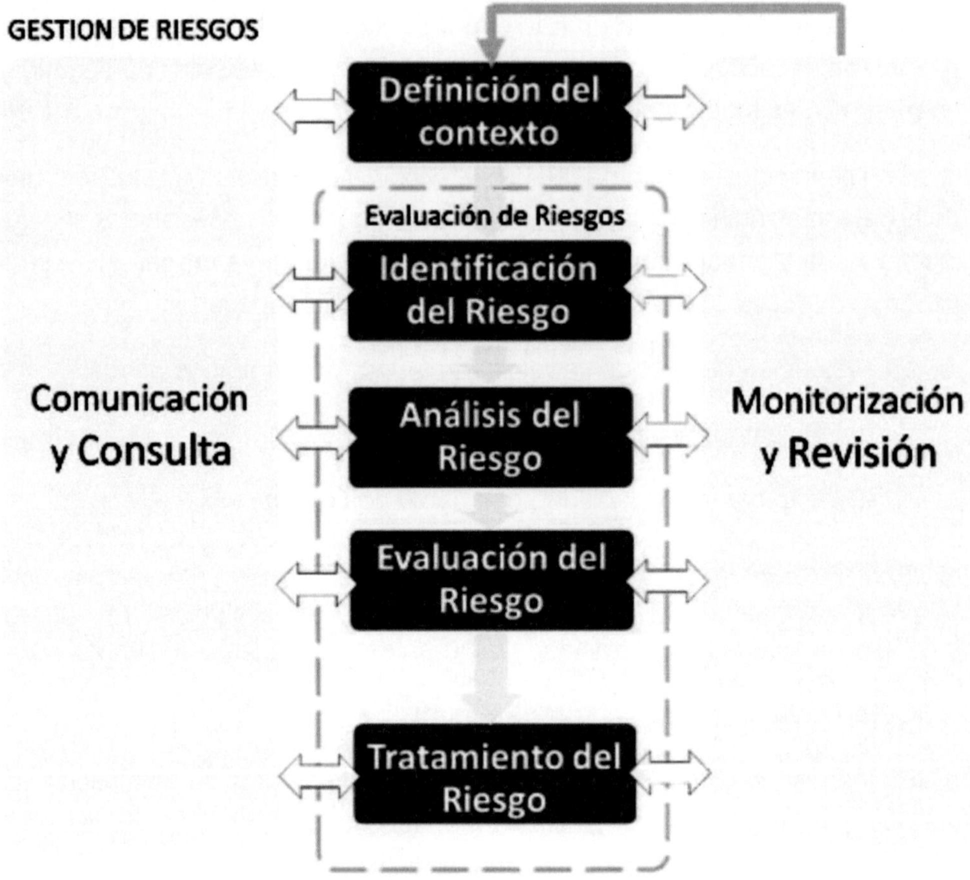

En el ejemplo podemos ver que el proceso comienza con la evaluación del contexto. Como comentábamos inicialmente, esto implica conocer las necesidades y expectativas de las partes interesadas desde el primer momento. A partir de aquí se desarrolla la evaluación de riesgos compuesto por una Identificación, Análisis y Evaluación de riesgos que desembocarán en un Tratamiento de los mismos.

Este proceso proporciona información para conocer si el contexto está bien definido o es necesario adaptarlo. Además, de forma cíclica el proceso se repite para que la evaluación y tratamiento sean continuos y el SGSI sea dinámico.

Los resultados arrojados por este proceso tienen un gran valor, en tanto suponen el punto de partida para el siguiente ciclo de trabajo que implica los objetivos del SGSI, las políticas de SI de la organización y su contexto comercial.

Además de los consejos para la implantación del SGSI citados, es recomendable realizar la definición de lo siguiente:

- ⇨ Clasificar la información: la organización debe clasificar los activos de información que protege el sistema (la información que almacena, procesa y transmite), en virtud de los distintos niveles de seguridad que necesita.
- ⇨ Procesos de la organización que admite: esencialmente son los definidos en el alcance. Aunque también se tendrán en cuenta los secundarios o de apoyo.
- ⇨ Prioridades de protección de la información: se definen dentro de una escala de prioridades de la alta dirección respecto a confidencialidad, integridad, disponibilidad y privacidad de la información del sistema.
- ⇨ Usuarios del sistema: incluye a toda la tipología de usuarios. Por lo tanto, debe identificar sus privilegios de acceso y uso del sistema de información. Estos pueden ser comerciales, personal de soporte, usuarios externos, etc.
- ⇨ Requisitos de seguridad: incluye los requisitos de confidencialidad, integridad, disponibilidad y privacidad de la información del sistema, además de la normativa aplicable.

Con todo ello conseguiremos una evaluación de riesgos del SGSI más eficaz.

- ♦ Proceso de evaluación de riesgo

1. Los perfiles de seguridad

Es habitual realizar una identificación de las características del sistema de información en lo que se refiere a la seguridad. A este conjunto de atributos se le denomina perfil de seguridad y suele tener en cuenta dos partes generales:

Arquitectura del sistema

Las áreas de seguridad en las que se emplazan los componentes del sistema (dónde se almacenan), sus interfaces (cómo de procesan) y sus flujos de información (cómo se transmiten).

Componentes del sistema

Los componentes de software y hardware implicados en el SI.

Los componentes directos o indirectos (incluye servidores, routers, firewall, sistemas operativos, aplicaciones, bases de datos, plataforma online, nube...)

Es el paso inicial para la evaluación de riesgos.

2. Identificación de riesgos

Una vez reconocido de forma completa el sistema, el siguiente paso será comenzar a gestionar el riesgo, identificando primeramente las amenazas potenciales para el SGSI.

Su objetivo es encontrar los riesgos asociados al sistema de información y que puedan afectar a la confidencialidad, integridad y disponibilidad de la información. Estas amenazas están relacionadas, de forma general, con vulnerabilidades del sistema. Aplicar la identificación de riesgo de forma adecuada permite garantizar una adecuada consideración de las amenazas y reducir a lo necesario la evaluación de las que sean realmente aplicables.

Por último, es necesario que el enfoque se base en buscar vulnerabilidades atendiendo a la probabilidad de que la amenaza se materialice. De esta forma, priorizar los medios del sistema para atajar las vulnerabilidades es más eficaz que tratar de atajar las amenazas desde un primer momento. Dicho de otra forma, una vez identificadas las amenazas, es conveniente dar prioridad a aquellas que tengan posibilidad de atacar a un punto débil del sistema.

3. **Factores de riesgo**

A continuación, podemos ver distintos ejemplos de factores de riesgos:

- ⇨ Sistemas con alta probabilidad de ataque hacker.
- ⇨ Sistemas con difícil actualización de seguridad.
- ⇨ Conexión a internet de redes o sistemas de información.
- ⇨ Sistemas con una gestión de contraseñas compleja y/o con contraseñas difíciles de cambiar.
- ⇨ Etc.

Identificar los factores de riesgo puede ayudar a la hora de elegir los controles que se implementarán para atajarlos.

4. **Efecto del riesgo**

Es necesario, a la hora de identificar los riesgos, considerar cuáles serán las consecuencias de éstos sobre los activos o sobre el sistema de información. Estos son diversos ejemplos:

- ⇨ Daño a la reputación de la organización.
- ⇨ Difusión de información delicada a partes no autorizadas.
- ⇨ Incumplimiento de la legislación.
- ⇨ Pérdida de productividad relacionada con la prestación de servicios.
- ⇨ Pérdida de confianza de las partes interesadas.

Podemos ver que el enfoque de los efectos del riesgo lo hemos situado en torno a la satisfacción de las partes interesadas y los intereses de la organización.

5. **Análisis de riesgo.**

Una vez identificados los riesgos de mayor importancia, es conveniente clasificarlos en función de la probabilidad de ocurrencia de los mismos y su nivel de impacto potencial. Se suele utilizar un cuadrante determinado por:

- ⇨ Evaluación de impacto: Se califican los riesgos en función del impacto máximo que pueden producir en el SI.
- ⇨ Evaluación de probabilidad: Se escala cual es la probabilidad de que se produzca.
- ⇨ Calificación de riesgo: Aplicando una matriz de riesgos se asigna un valor de riesgo.
- ⇨ Identificación y evaluación de controles: El objetivo de los controles es reducir la probabilidad de ocurrencia de un evento y con ello reducir el riesgo. Aplicando el control sobre el riesgo calificado se obtiene el valor del riesgo residual. Los controles suelen ser de dos tipos esenciales: preventivos y correctivos. El primero es de tipo "barrera" y el otro trata de minimizar el impacto en caso de ocurrencia.

Este cuadrante se suele emplear en la evaluación de riesgos en muy diversas disciplinas para el cálculo rápido de riesgos y se suele denominar Matriz de riesgos. A continuación, se puede ver un ejemplo:

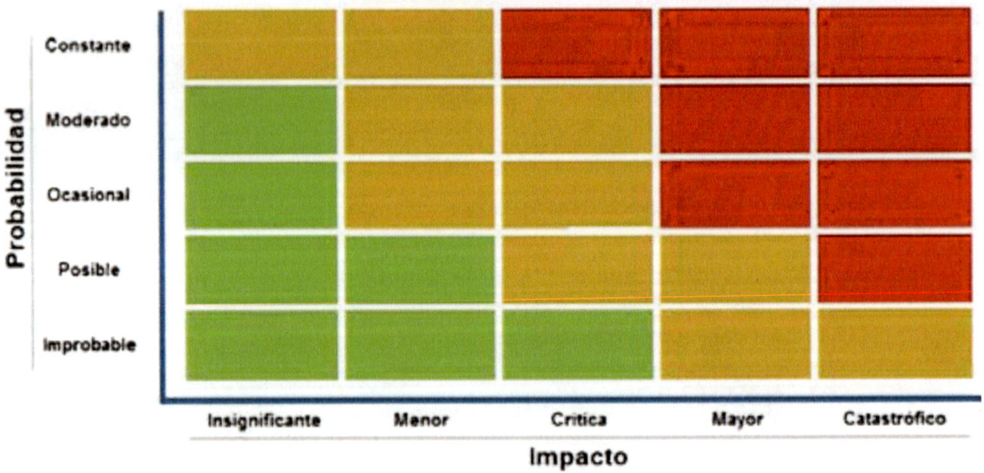

Analizados los riesgos, toca la elección de controles.

6. Los controles

Los controles aplicables para la SI aparecen en la norma ISO 27002:2022. Incluye un total de 93 controles que serán de libre elección por parte de la organización, pero que deben cubrir todo el riesgo asociado a su seguridad de la información. Por supuesto, incluye el cumplimiento independiente de las leyes y normas que sean de aplicación a la organización.

Estos 93 controles se agrupan en cuatro categorías relacionadas con el contexto:

- ⇨ Controles de la organización.
- ⇨ Controles de personas.
- ⇨ Controles físicos.
- ⇨ Controles tecnológicos.

La norma ISO 27002:2022 establece la siguiente estructura para los controles:

Tipo de control: Este atributo determina si los controles son:

- Preventivos
- Detectivos
- Correctivos

Tipo de control: Este atributo determina si los controles son:

- Preventivos
- Detectivos
- Correctivos

Conceptos de ciberseguridad: Atributo basado en el marco de ciberseguridad descrito en la ISO 27110 y otros marcos como NIST, para:

- Identificar
- Proteger
- Detectar
- Responder
- Recuperar

Dominios de seguridad: Atributo relacionado con la seguridad de la información desde la:

- Gobernanza y ecosistema
- Protección
- Defensa
- Resiliencia

7. Evaluación de riesgos

Analizados los riesgos y los controles en conjunto es necesario evaluar los riesgos residuales en relación con el grado de tolerancia establecido por la organización.

Esta evaluación aporta información precisa a la hora de la toma de decisiones por parte de la dirección en materia de tratamiento de riesgos y la respuesta ante los mismos.

1.3. Tratamiento de los Riesgos para la SI

"La organización definirá y aplicará un proceso para tratar los riesgos de SI para:

a. Seleccionar las opciones más apropiadas para tratar los riesgos de SI, teniendo en cuenta los resultados de la evaluación de riesgos.
b. Determinar tolos los controles que son necesarios para implementar las opciones de tratamiento de riesgos de seguridad de la información elegidas.
c. Comparar los controles determinados en 6.1.3 b) con los del Anexo A y verificar que no se han omitido los controles necesarios.
d. Desarrollar una Declaración de Aplicabilidad con:

- *Los controles necesarios (ver 6.1.3 b) y c)).*
- *Justificación de su inclusión.*
- *Si se aplican o no los controles necesarios.*
- *Una justificación que excluya los controles de Anexo A.*

e. Desarrollar un plan para el tratamiento de los riesgos de SI.
f. Obtener la aprobación de los propietarios de riesgos del plan de tratamiento de riesgos de seguridad de la información y la aceptación de riesgos residuales de seguridad de la información.

La organización debe conservar información documentada sobre el proceso de tratamiento de riesgos."

Como ya se puede intuir, el tratamiento de riesgos es puesto en marcha a través de una serie de controles de las categorías que comentábamos más arriba. La norma ISO 27001:2022 aporta una serie de controles en su Anexo A, que deben servir de referencia para el tratamiento de riesgos, si bien, es posible ampliarlos con otros controles diferentes en caso necesario.

La elección de controles de riesgo es denominada Declaración de aplicabilidad y define los controles que se implementan en función de los riesgos y amenazas identificados.

Por tanto, una vez seguido el proceso descrito, se define la declaración de aplicabilidad y el plan de tratamiento de riesgos.

1. La declaración de aplicabilidad.

Tras seguir todo el proceso se evaluación de riesgos para la Seguridad de la Información, es necesario identificar los controles que serán de aplicación en el SGSI.

Es recomendable identificar, de una forma esquemática y visual, los activos de información. Definiendo aquí las características la clasificación de los mismos de cara a una selección de controles adecuada. Generalmente, este esquema se suele incluir en el llamado inventario de activos.

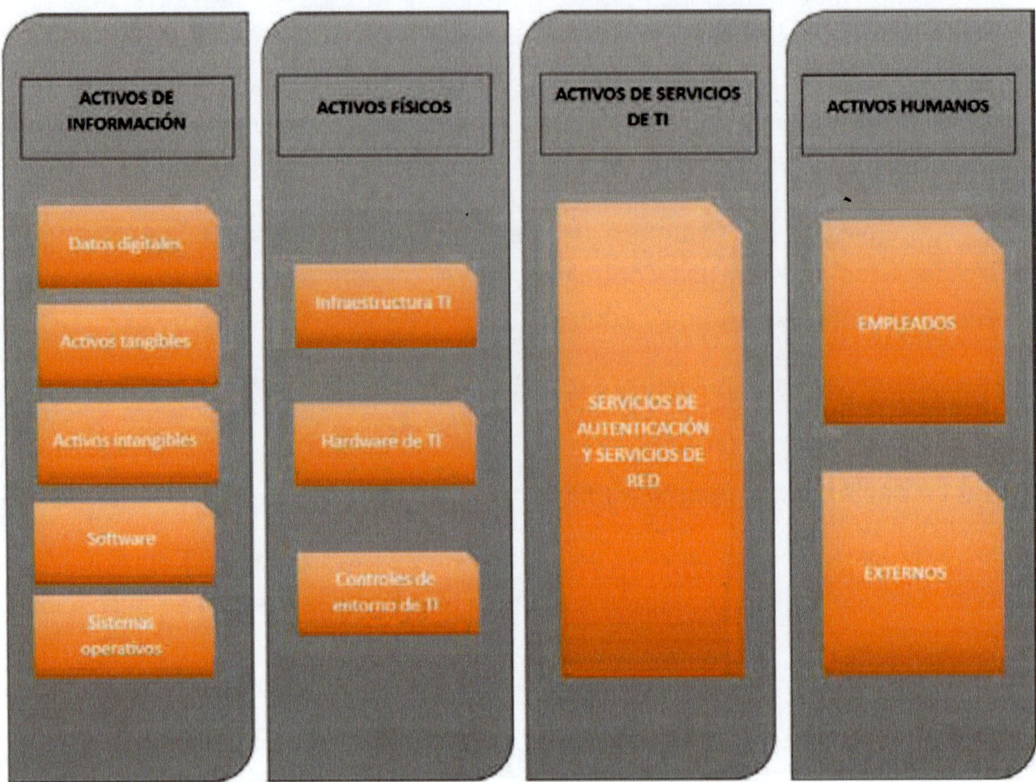

A partir de esta clasificación es posible empezar a poner en marcha controles técnicos y organizativos orientados a proteger los diferentes activos.

Por último, hay que poner en práctica una declaración de aplicabilidad que considere los controles del Anexo A con el fin de comprobar que todos los controles se hayan efectuado a cada activo.

Además de los controles de obligado cumplimiento para la norma ISO 27001:2022 es conveniente practicar y documentar el análisis de aplicabilidad.

2. El plan de tratamiento de riesgos.

Es el paso que pone en práctica la seguridad de la información. A partir de aquí es cuando se ponen de manifiesto los resultados del trabajo realizado. El plan de tratamiento definirá a los responsables de la implantación control a control, cómo se realizarán, el presupuesto del SGSI y cuál será el orden de aplicación.

Este debe ser elaborado por el más alto cargo en materia de seguridad de la información y aprobado por el propietario del activo de información. Además, se debe mantener información documentada sobre su uso en toda su vida útil.

Hay que decir que este plan es la base de toda la seguridad de la información de la organización, ya que aquí se definen cuáles son los riesgos asumibles y los inaceptables.

Para la definición del plan de tratamiento, hay 4 posibilidades:

- ⇨ Aplicar los controles definidos en el Anexo A de la ISO 27001.
- ⇨ Externalizar la gestión del riesgo a una organización que la realice.
- ⇨ Parar las actividades de riesgo máximo o variar la forma de ejecutarlas.
- ⇨ Aceptar el riesgo, si el coste de atenuación es mayor que el del daño en sí mismo.

Huelga decir que el objetivo de un buen plan de tratamiento de riesgos debe ser equilibrado entre la protección de los activos y el coste de la misma.

2. Objetivos de la SI y Planes para Alcanzarlos

"La organización debe establecer objetivos de seguridad de la información en las funciones y niveles pertinentes.

Los objetivos de SI deben:

- *a. Tener coherencia con la política de SI.*
- *b. Ser medible (si es factible).*
- *c. Tener en cuenta los requisitos de seguridad de la información aplicables y los resultados de la evaluación y el tratamiento del riesgo.*
- *d. Ser monitoreado.*
- *e. Ser comunicado.*
- *f. Actualizarse según corresponda.*
- *g. Estar disponible como información documentada.*

La empresa tiene que mantener información documentada correspondiente a los objetivos de SI.

En la planificación del logro de los objetivos de SI, la empresa tiene que establecer:

- *a. Lo que se hará.*
- *b. Qué recursos se requerirán.*
- *c. Quién será responsable.*
- *d. Cuando se completará.*
- *e. Cómo se evaluarán los resultados."*

Del plan de tratamiento de riesgos se extraen los que deben ser los objetivos finales del sistema. Los objetivos de seguridad deben ser medibles y han de coordinarse y estar reflejados en la política de Seguridad de la Información de la organización.

Asimismo, los objetivos tienen que establecerse y ser comunicados a todos los niveles afectados y a todas las partes implicadas en cada nivel.

Los objetivos de seguridad estarán definidos por los resultados de la evaluación de riesgos y el tratamiento de los mismos. Tienen también que reflejar el grado de consecución de los niveles de protección de los activos; estos precisamente son los que determinan la eficacia de los controles establecidos en la fase anterior.

Los objetivos de seguridad de la información, que bien denominarse acciones sobre el sistema de seguridad, deben considerar la siguiente información:

- ⇨ Descripción del objetivo.
- ⇨ Seguimiento periódico y mediciones necesarias para conocer su grado de cumplimiento.
- ⇨ Recursos requeridos para su consecución.
- ⇨ Personal responsable.
- ⇨ Forma de evaluar los resultados, teniendo en cuenta el seguimiento de los mismos y dando la posibilidad de cambiar o actualizarse de ser necesario.
- ⇨ Guardar información documentada de los puntos anteriores.

3. Planificación de los Cambios

"Cuando la organización determine que es necesario realizar cambios en el Sistema de Gestión de la Seguridad de la Información, estos cambios deben ejecutarse de manera planificada.

Este punto de la norma ISO 27001:2022 es nuevo para esta edición y establece que se planifique la ejecución de los cambios cuando la organización estime necesario modificar el SGSI.

Las implicaciones de los cambios deben ser evaluadas, y cualquier modificación que afecte a la satisfacción de las partes interesadas debe ser puesta en marcha con la debida planificación.

Por lo tanto, aunque sea de forma somera, ha de planificarse el proceso que llevará a incluir una modificación del SGSI. No se define como debe planificarse, pero si que tiene que estar contemplada en el sistema cómo hacerlo.

En la planificación se incluirá la justificación del cambio producido en el sistema, considerando su utilidad, cómo afectará a la integridad del SGSI.

Resumen

- Las acciones para cubrir riesgos y oportunidades se pueden entender como acciones preventivas.
- Los riesgos y oportunidades deben ser tratados desde el punto de vista de la consecución de resultados esperados y la mejora continua.
- La evaluación de riesgos es vital para abordar los riesgos y oportunidades de la Seguridad de la información. Para llevarla a cabo hay que identificar riesgos, fijar los criterios de aceptación, así como los criterios de evaluación que aporten resultados veraces y, por último, mantener información documentada del proceso.
- Mediante la evaluación de riesgos se consigue proteger los activos y la misión de la organización. Así pues, es fundamental que los riesgos que afectan a la seguridad de la información sean considerados como vitales para el funcionamiento de la organización.
- La evaluación de riesgos consta de dos partes: Identificar amenazas y vulnerabilidades (relacionados con el contexto) y determinar la probabilidad e impacto potencial de cada riesgo.
- De forma general el proceso de evaluación de riesgo tendrá que conocer el sistema de información en profundidad, determinando en cada caso su perfil de seguridad, realizando la identificación de riesgos, conociendo los factores de riesgo de la organización, analizando los efectos de los riesgos identificados, evaluando el riesgo para conocer su grado de peligrosidad, aplicando controles para su eliminación y/o mitigación y volviendo a evaluar los riesgos después de haber realizado todo el proceso.
- Se han establecido 93 controles para que las organizaciones puedan utilizarlos indistintamente para identificar y valorar los riesgos para la seguridad de la información de sus activos. Estos se desarrollan en la norma ISO 27002:2022.
- El tratamiento de riesgos se desarrolla sobre el conjunto de controles que se establecen para la gestión de riesgos. La elección de estos se define en la Declaración de aplicabilidad y tiene que estar relacionada con los riesgos y amenazas identificados.

- Es conveniente hacer una esquematización de la aplicabilidad categorizando el inventario de activos y relacionándolos con los controles que se aplican a los mismos.
- El plan de tratamiento de riesgos define a los responsables de la puesta en marca de acciones, el presupuesto del SGSI, los controles a realizar y su orden.
- Los objetivos de la seguridad de la información tienen que estar en consonancia con la política de SI de la organización, ser medibles, considerar los requisitos aplicables, ser monitorizados, ser comunicados al personal al que afecta, estar actualizado y estar documentados.
- Las metas de los objetivos de SI deben tomarse como requisitos del SI y su consecución parte del éxito del sistema.
- La planificación de los cambios debe ser asumida por la organización. Cualquier modificación del SGSI debe formar parte de un proceso por el que se ha justificado, se han evaluado sus consecuencias sobre las partes interesadas, la integridad del sistema y sobre los riesgos.

ICB
EDITORES

UNIDAD

1.7. Soporte

Contenido de la Unidad

- Recursos
- Competencia
- Concienciación
- La Comunicación
- Información Documentada
- Resumen

ICB
EDITORES

1. RECURSOS

> *"La organización debe determinar y proporcionar los recursos necesarios para el establecimiento, implementación, mantenimiento y mejora continua del sistema de gestión de la Seguridad de la información"*

La norma no es muy concreta en la definición de la documentación concreta necesaria para el sistema, aunque ésta deja claro que la organización debe disponer de los recursos necesarios y que la dirección es responsable de asegurar la disponibilidad de éstos para el desempeño de las tareas y el cumplimiento de los objetivos de seguridad de la información.

> *7.1. Recursos.*
> *La empresa determinará y proporcionará los recursos para establecer, implementar, mantener y mejorar continuamente el SGSI.*

Es necesario que la organización proporcione los recursos necesarios para el buen funcionamiento del SGSI. Por tanto, hay que cubrir las necesidades de recursos para gestionar la Seguridad de la Información en todo su ciclo de vida. De esta forma, la dirección tendrá que enfocar este asunto desde distintos puntos de vista:

- **Del personal**

  Es necesario que se definan las responsabilidades del personal afectado por el SGSI. Sin embargo, es importante que no se pierda de vista cuál es el fin que persigue la organización y que las tareas relacionadas con la Seguridad de la Información no entorpezcan su consecución. Es por ello que será buena idea que no todo el personal tenga funciones relacionadas con la seguridad, siendo preferible que haya puestos específicos dedicados casi en exclusiva a las tareas señaladas

- **De los equipos.**

  Los equipos deben responder a las necesidades del sistema y en algunos casos estos deberán ser específicos para afrontar las amenazas que afectan a los activos.

- **De las instalaciones.**

  Las infraestructuras y su contexto interno deben aportar niveles de seguridad acordes al riesgo al que se enfrenta.

- **Económico.**

  Se deberá tener en cuenta que desarrollar las actividades relacionadas con el SGSI tendrá un impacto económico que será proporcional a la evaluación de riesgos y los criterios de minimización y/o aceptación de riesgos que adoptemos.

2. COMPETENCIA

7.2. Competencia.

La organización deberá:

a. Determinar la competencia necesaria de las personas que realizan el trabajo bajo su control que afecta su desempeño en seguridad de la información.

b. Garantizar que estas personas sean competentes sobre la base de una educación, formación o experiencia adecuadas.

c. Llevar a cabo acciones para adquirir la competencia necesaria y evaluar la efectividad de las acciones.

d. Conservar la información documentada apropiada como evidencia de competencia.

La norma ISO 27001:2022 considera imprescindible que la competencia del personal necesaria se determine previamente a la realización de las tareas del SGSI.

Por otro lado, la organización tiene que asegurar que el personal sea competente para el SGSI, apoyando la decisión de incorporarlo en la educación, capacitación y experiencias acortes a las tareas a realizar.

Por último, se tendrá que demostrar la competencia del personal sobre la SI a través de información documentada.

Una técnica para la evaluación del cumplimiento de los requisitos asociados a la competencia del personal es aplicar una matriz de habilidades o requisitos de cualificación en el procedimiento de recursos humanos con el fin de administrar y seguir el cumplimiento de estos requisitos. Una vez desarrollada esta matriz, será necesaria su actualización en caso de producirse algún cambio, tanto en la capacitación como en los nuevos requisitos que pudieren aparecer.

La capacitación del personal puede darse de dos formas, la académica y la profesional. De esta forma, tendremos una formación previa a la incorporación y otra, también llamada continua, que se llevará a cabo regularmente para mejorar las capacidades regularmente. Cualquiera de éstas debe ser documentada adecuadamente para conocer el tipo de capacitación, el tiempo en que se realizó y la evaluación de la mejora en la capacitación del personal formado.

La competencia del personal debe ser adecuada a la tarea a realizar e incluso si esta se lleva a cabo de forma externa, debe asegurarse de que el contratista cumple con los mismos requisitos que tendría que cumplir el personal interno.

Es necesario que la formación esté enfocada en la consecución de objetivos propuestos.

Cómo decíamos anteriormente, la mejora en las competencias proporcionada por la formación ha de ser evaluada. Eso quiere decir que se desarrollará un método (más o menos complejo) que permita conocer hasta qué punto ha mejorado la competencia del personal formado y con ello el desempeño de las tareas asignadas.

Una de los puntos principales del proceso de capacitación del personal es hacer entender cuáles son sus funciones y responsabilidades en materia de Seguridad de la Información y de cara al cumplimiento de los requisitos del SGSI. Al respecto de la formación, la organización debe:

- ⇨ Aportar capacidades del personal y/o conseguir la competencia del mismo.
- ⇨ Monitorizar con regularidad el grado de competencia y conocer cuáles son los puntos débiles de ésta.

⇨ Planificar las acciones adecuadas a tomar al respecto de los puntos débiles.

En resumen, el máximo responsable en Seguridad de la Información debe conocer cuáles son las competencias que necesita la organización para el desempeño del SGSI. A continuación, tiene que asegurar que el personal tiene estas competencias y, por último, se ha de evidenciar de forma documentada que se tienen.

Para garantizar que la competencia es adecuada, además de hacer bien su trabajo, el personal debe ser consciente de las implicaciones de sus actividades respecto a la Seguridad de la Información.

Por todo ello es muy importante que el personal esté concienciado con la importancia del cumplimiento de las políticas de seguridad de la organización.

Es muy común que la organización haya determinado las competencias del personal a la hora de la contratación, pero no actualice las nuevas necesidades de competencias que tiene la organización.

Dada la dificultad de mantener personal bien formado en materia de Seguridad de la Información, debido a lo cambiante que es el entorno de los datos; es cada vez más frecuente y eficaz la externalización de determinadas partes y su ejecución por consultores de seguridad externos. Además, es muy probable que el coste de mantener una persona dedicada al SGSI es mayor que contratar a una empresa externa que lo realice. De este modo, el máximo responsable del SGSI se encarga de coordinar y monitorizar, de la formación de personal y de la actualización de requisitos se haría de forma externa. Dejando las decisiones estratégicas del SGSI en manos de los responsables de la organización, teniendo los datos necesarios para tomarlas. Además, se reduce la información superflua que puede generarse de tener un responsable de seguridad interno que emite información en cada momento.

3. CONCIENCIACIÓN

7.3. Toma de conciencia.

Las personas que trabajan en la empresa serán conscientes de:

a. La política de seguridad de la información.
b. Su contribución a la eficacia del sistema de gestión de la seguridad de la información, incluidos los beneficios de un mejor desempeño de la seguridad de la información.
c. Las implicaciones que tiene el no cumplimiento de los requisitos del SGSI.

La norma ISO 27001:2022 considera como requisito que el personal de la organización debe conocer al menos las políticas de seguridad, así como las tareas e implicaciones que tienen para si el SGSI.

Por tanto, los responsables de la Seguridad de la Información deben asegurar que el personal: ha leído y comprendido la política de la SI de la organización; entiende lo importante que es el mantenimiento y mejora continua del SGSI; y que comprenda lo que implica dejar de mantener el sistema y los requisitos de la norma.

Es necesario que existan evidencias de su cumplimiento de cara a la certificación. Esto tiene una serie de implicaciones para evidenciar su cumplimiento:

- ⇨ Implementar y mantener un programa formativo que permita sensibilizar y concienciar al personal.
- ⇨ Poner en marcha acciones de sensibilización que impliquen a todo el personal de la organización.
- ⇨ Comunicar de cualquier forma posible la información relevante sobre SI que se pretende difundir entre el personal registrando a quién se le comunica, quién la comunica, la duración y una evaluación del entendimiento de dicha información por parte de las personas.

- ⇨ Informar de forma continua de las actualizaciones del SGSI que afecten al personal, así como de los incidentes de SI registrados.
- ⇨ Llevar a cabo acciones formativas y comunicaciones de seguridad incluyendo a todo el personal de forma periódica, poniendo especial atención en el personal nuevo. También se comunicará esta información a las partes externas que puedan afectar a la Seguridad de la Información.

Es posible vincular la concienciación con la competencia, de tal forma que el personal competente está implicado con el SGSI y, por tanto, sensibilizado con la SI. Sim embargo, la capacitación se diferencia de la sensibilización en que el personal debe ser consciente de la importancia de la Seguridad de la información y del empeño que pone su organización en cumplir con sus requisitos sin que por ello sean expertos en seguridad, eso sí que hagan su parte. Así pues, es necesario que los empleados comprendan y pongan en práctica sus tareas relativas a la Seguridad de la Información conociendo bien cuales son las implicaciones de no hacerlo.

Es complicado conseguir implicar a todo el personal en la cultura de seguridad de la organización dado que se requiere una buena cantidad de tiempo conseguirlo y un proceso de sensibilización continuo, así como tener en cuenta la variabilidad de personas que forman parte. Generalmente el personal tiende a ver los protocolos de seguridad como un engorro, teniendo una percepción incómoda de la seguridad, ya que añade trabajo a sus tareas diarias y le impone limitaciones. Es pues un objetivo de largo recorrido que esa visión de las tareas de seguridad de la información se revierta y generar una cultura de la seguridad en la organización.

3.1. Proceso de COnciencación

Es recomendable seguir un proceso de cara a concienciar a la organización de forma integral seguir unas pautas más o menos marcadas:

1. **Toma de conciencia:** Conocer cuál es la situación actual de la organización; es decir, evaluar cuál es la mecánica de trabajo en materia de SI. Probablemente será mejorable y supondrá una traba para poner en valor la cultura de seguridad.

2. **Punto origen:** Cambiar la cultura de la organización exigirá cambiar hábitos, acabar con tendencias y borrar creencias del personal. Dado que esto es difícil, porque es la cultura inicial de la organización, el liderazgo es aquí fundamental y no se producirá ningún cambio, si la dirección no se implica en la SI ni extiende a toda la jerarquía.

3. **Identificar las principales dificultades:** Habrá que definir las áreas y departamentos con más dificultades para integrar el SGSI. Estas áreas son críticas pues son las que funcionan de forma independiente del sistema y no van a reconocer el sistema propuesto.

   Para estos casos es necesario el desarrollo de estrategias que integren la política de la organización con el departamento implicado, teniendo en cuenta que la mejora en estas áreas es fundamental para que el SGSI funcione en el conjunto de la organización.

4. **Educar al personal:** Es necesario implicar al personal en los planes de seguridad con el fin de que el sistema funcione de forma integral. Si el personal participa activamente en la Seguridad de la Información, el sistema será fuerte y eficaz.

   Es una cuestión de que todo el personal sea capaz de realizar sus funciones relacionadas con la SI de forma correcta y que ello permita que se alcancen los objetivos de seguridad.

Es recomendable que se pongan en práctica determinadas estrategias para conseguir transmitir a los empleados la necesidad de actuar de determinada manera y el motivo de hacerlo:

- ⇨ Desarrollar un programa de concienciación o formación continua.
- ⇨ Focalizar la concienciación en los asuntos de seguridad directamente relacionados con las tareas que desarrolla cada puesto, no en conjunto.
- ⇨ Evitar en la medida de lo posible los aspectos técnicos en los procesos formativos.
- ⇨ Tener en cuenta las conclusiones de las áreas de mayor dificultad a la hora de capacitar al personal.
- ⇨ El objetivo de una buena formación es que el personal esté motivado por aprender.
- ⇨ Decantarse por la aplicación práctica en los temarios en lugar de los desarrollos teóricos.

5. **Evaluar el cumplimiento de los valores:** El personal es una amenaza para la SI de la organización y, por tanto, la formación y concienciación de este es una forma de minimizar esta amenaza.

   En una organización con un personal concienciado, este interactúa con los responsables de la SI para que, además de hacer sus tareas al respecto, aporten información sobre amenazas o problemas que encuentran en sus tareas diarias.

   De cara a que el personal interactúe correctamente con el SGSI, hay que valorar, no solo el grado de eficacia de su trabajo, sino que hay que ir más allá, conociendo el grado de satisfacción de las personas con sus tareas y, por tanto, de su implicación con las mismas.

   En conclusión, un trabajador realizará sus funciones de forma más adecuada, en tanto sea beneficioso para sí mismo realizarlas correctamente. Así pues, es imprescindible que el personal entienda plenamente las consecuencias de unas rutinas poco seguras en el trato de la información.

4. La Comunicación

7.4. Comunicación.

La organización debe determinar la necesidad de comunicaciones internas y externas relevantes para el sistema de gestión de la seguridad de la información, incluyendo:

a. ***Sobre qué comunicar.***
b. ***Cuándo comunicar.***
c. ***Con quién comunicarse.***
d. ***Cómo comunicarse.***

Es uno de los puntos clave de la implantación de un SGSI. Para ello será recomendable implementar un procedimiento que desarrolle este conjunto de tareas para que siempre se realice de la misma forma. A este procedimiento le acompañarían registros de comunicación que incluirían el tipo de comunicación que se ejecuta, las personas implicadas, cuándo se realizan, etc.

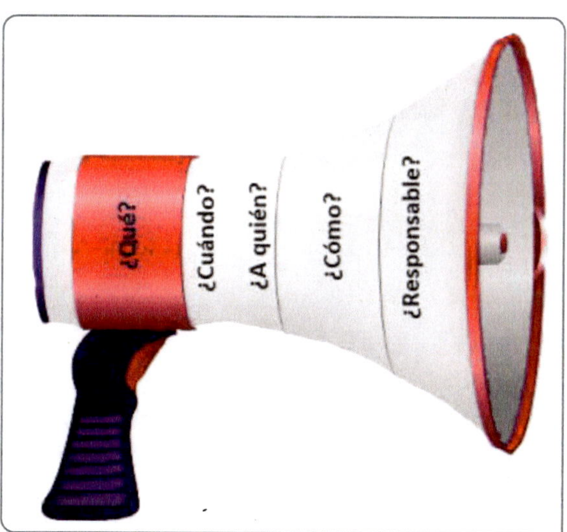

Se puede decir que tras un SGSI funcional está siempre un buen plan de comunicación bien diseñado y aplicado. Este plan debe incluir siempre una visión global del sistema que tenga en cuenta la utilidad del SGSI, los requisitos legales de la organización y la afección del SGSI en cada uno de los puestos de trabajo.

4.1. Planes de Comunicación

Es necesario que se comuniquen las prioridades y responsabilidades dentro del SGSI. Para ello hay que analizar los objetivos en toda la organización. En función de lo compleja que sea esta, habrá que desarrollar más o menos estos planes. Las organizaciones más grandes y complejas deben tener en cuenta para sus comunicaciones a toda la jerarquía del personal haciendo una adecuada separación de comunicaciones e implicaciones de cada puesto.

Por tanto, cada área tendrá un plan de comunicación y unas implicaciones diferentes de cada responsable para todo el proceso de comunicación.

Por tanto, en primer lugar, será necesario analizar los niveles de la organización previamente a comunicar los objetivos de la SI.

5. Información Documentada

5.1. Generalidades

7.5. Información documentada.
7.5.1 Generalidades
El SGSI de la empresa incluirá:

- ***a. Información documentada requerida por este documento.***
- ***b. Información documentada que la empresa considere necesaria para la eficacia del SGSI.***

En este punto se hace referencia a todo el aparato documental que debe mantener un SGSI. Considera toda documentación asociada al sistema como información documentada. La organización debe tener en cuenta toda la documentación necesaria:

- ⇨ Cuál será.
- ⇨ Cómo se creará.
- ⇨ Cómo y cuándo se actualizará.
- ⇨ Cómo se controlará.

Hay un buen número de documentos de los que se deben crear, mantener y controlar entre los que se incluyen por orden de aparición en la norma ISO 27001:2022:

- ⇨ Alcance. (ISO 27001:2022 Punto 4.3)
- ⇨ Política de SI. (ISO 27001:2022 Punto 5.2)
- ⇨ Proceso de evaluación de riesgos de la SI. (ISO 27001:2022 Punto 6.1.2)
- ⇨ Proceso de tratamiento de riesgos de la SI. (ISO 27001:2022 Punto 6.1.3)
- ⇨ Declaración de aplicabilidad. (ISO 27001:2022 Punto 6.1.3 d))
- ⇨ Objetivos de seguridad de la información. (ISO 27001:2022 Punto 6.2)
- ⇨ Prueba de competencia (ISO 27001:2022 Punto 7.2)
- ⇨ Información documentada para determinar la efectividad del SGSI. (ISO 27001:2022 Punto 7.5.1 b))
- ⇨ Planificación y control operacional. (ISO 27001:2022 Punto 8.1)
- ⇨ Resultados de la evaluación de riesgos de la SI. (ISO 27001:2022 Punto 8.2)
- ⇨ Resultados del tratamiento de riesgo de SI. (ISO 27001:2022 Punto 8.3)
- ⇨ Evidencia el monitoreo y medición de resultados. (ISO 27001:2022 Punto 9.1)
- ⇨ Proceso de auditoría interna. (ISO 27001:2022 Punto 9.2)
- ⇨ Evidencia de los programas de auditoría y sus resultados. (ISO 27001:2022 Punto 9.2 g)
- ⇨ Evidencia de los resultados de las revisiones de la administración. (ISO 27001:2022 Punto 9.3)

- ⇨ Evidencia de las no conformidades donde se incluyan descripción de las mismas y las acciones tomadas (correcciones y acciones correctivas). (ISO 27001:2022 Puntos 10.1 f) y 10.1 g)).

Toda esta información documentada debe estar actualizada y se puede estructurar de forma relativamente libre. Es decir, la norma expresa como requisito que se mantenga esta información documentada, pero no dice explícitamente que cada uno de esos documentos deba ser un documento único. Por ejemplo, se puede integrar en el mismo registro la auditoría interna junto con la programación de las mismas y sus resultados.

Además de la información documentada requerida directamente por la norma, el Anexo de la pone como requisito la siguiente documentación (se requiere creación, mantenimiento y revisión al igual que la incluida en la norma):

- ⇨ Definición de funciones y responsabilidades de SI. (Anexo. Punto 7.1.2 y 13.2.4)
- ⇨ Inventario de activos. (Anexo. Punto 8.1.1)
- ⇨ Reglas para el uso aceptable de los activos. (Anexo. Punto 8.1.3)
- ⇨ Esquema de clasificación de la información. (Anexo. Punto 8.2.1)
- ⇨ Política de control de acceso. (Anexo. Punto 9.1.1)
- ⇨ Procedimientos de operación para la administración de TI. (Anexo. Punto 12.1.1)

- Registros de actividades del usuario, excepciones y eventos de seguridad. (Anexo. Punto 12.4.1 y 12.4.3)
- Principios de ingeniería de sistemas seguros. (Anexo. Punto 14.2.5)
- Política de seguridad del proveedor. (Anexo. Punto 15.1.1)
- Procedimiento de gestión de incidentes. (Anexo. Punto 16.1.5)
- Procedimientos de continuidad del negocio. (Anexo. Punto 17.1.2)
- Requisitos legales, reglamentarios y contractuales. (Anexo. Punto 18.1.1)

Además de estos procesos, hay que tener en cuenta que se ha implantado un sistema y unos protocolos. Esta información se usa definir los procedimientos que definen a los procesos y en general, como se llevan a cabo las acciones y tareas del SGSI. Por decirlo de otra forma, hay que generar una documentación que defina cómo, quién, de qué forma y con qué medios se realizan las tareas de cada área del SGSI.

Los procesos se definen en los procedimientos que son documentos de trabajo para la organización. De estos, se desarrollan modelos o formatos que supondrán los documentos de trabajo para cada tarea. Esta documentación de uso particular para cada tarea se denomina registro.

Hay distintos motivos que justifican documentar todos los movimientos del SGSI:

- Asegurar que los procesos se mantienen. A través de la información documentada es posible garantizar que se aplica un procedimiento, ya que su documentación permite comprobar las evidencias de su cumplimiento.
- Llevar a cabo la mejora continua del sistema. La información documentada permite conocer en cualquier momento lo que ha pasado antes con cualquiera de las tareas registradas. Esto permite conocer cuales son los fallos producidos, las tendencias y si es necesario cambiar algún protocolo de gestión.
- Evidencia de cumplimiento. Es posible conocer si se cumplen los

requisitos identificados en cada momento. Por tanto, permite evidenciar si se están cumpliendo los requisitos de las partes interesadas y/o legales y/o normativos.

- **Difusión de la información**

La información oficial del SGSI debe estar a disposición del personal autorizado.

La forma de difusión de la información no está condicionada por la norma ISO 27001:2022, aunque lo más práctico es hacerlo a través de medios digitales por el entorno contemplado para ello. Se trataría de la comunicación interna en este caso.

Si es requisito de la norma, en referencia a la información que se comunica, que esté completa, sea actual y sea controlada. Para evitar fallos en este sentido, es muy recomendable que las copias publicadas estén codificadas de cara a conocer cuál es la versión de cada documento, incluyendo la fecha de creación y su responsable, además del código que lo relaciona con un procedimiento.

- **Jerarquía de la documentación**

Existen distintos niveles jerárquicos en la información documentada que se pueden ver en el siguiente esquema:

1. **El manual de seguridad:** Aglutinan las líneas esenciales del SGSI. En este se definen los procesos, el contexto de la organización y los requisitos básicos que debe cubrir el sistema. Además, incluye a las políticas de seguridad de la organización.

2. **Procedimientos:** Son documentos que definen cómo se desarrolla un proceso concreto, quiénes deben ejecutar las distintas tareas que lo forman y con qué medios se van a realizar. Estos pueden ser de tipo administrativo, de tipo técnico o de tipo físico.

3. **Instrucciones:** Se trata de documentos que definen tareas concretas dentro de cada proceso y que, por la circunstancia que sea, no se han desarrollado en su correspondiente procedimiento; ya sea porque es un conjunto de órdenes demasiado largo para incluirlo en el procedimiento, ya sea por sea un documento muy técnico, o porque esté relacionado con algún sistema sujeto a cambios y que no conviene que cambie continuamente al procedimiento.

4. **Registros:** Son documentos que evidencian objetivamente la vigilancia y cumplimiento de los requisitos del SGSI. Son los documentos de base y están incluidos o referidos en alguno de los documentos de grado

jerárquico superior.

5.2. Creación y Actualización

7.5.2 Creación y actualización
Al crear y actualizar la información documentada, la organización debe garantizar lo siguiente:

1. ***Identificar y describir.***
2. ***El formato y los medios.***
3. ***Revisar y aprobar de la idoneidad y adecuación.***

La norma ISO 27001 requiere que la organización documente el SGSI, que la información documentada esté bien identificada y descrita, que los distintos documentos tengan un formato y que los documentos sean revisados y aprobados.

Funciona bajo la premisa de que si no está escrito entonces no existe. A menudo, la certificación ISO 27001 rastrea las evidencias documentadas más que las revisiones de cómo se realizan las tareas.

Como el estándar ISO 27001 para la certificación re requiere que la organización documente prácticamente todo.

- **Creación de documentos**

1. **Elegir un formato:** El formato más sencillo para crear sus documentos será mediante una herramienta ofimática. Proporciona flexibilidad y gran cantidad de opciones para exportar en diferentes formatos, como PDF. Es recomendable que sean archivos editables, aunque el documento denominado formato es algo así como una plantilla que sólo se modifica cambiando la edición, es decir, publicando una nueva versión.

2. **Crear plantillas:** Existen dos opciones, de cara a la creación de las plantillas: crearlas con herramientas de ofimática o bien, adquirirlas con un paquete específico de herramientas ISO 27001, donde vendrán prediseñadas muchas opciones. Para la creación de plantillas desde cero, hay que incluir determinados elementos para tener plantillas completas:

- ⇨ Título: Cada documento requiere un título, así que proporcione un espacio reservado en su plantilla para el título del documento.
- ⇨ Fecha: Cada documento requiere una fecha, así que proporcione un marcador de lugar para la fecha en que se modificó por última vez el documento en su plantilla de documento.
- ⇨ Autor/Responsable: Cada documento requiere un autor, así que proporcione un lugar reservado para el autor del documento en su plantilla de documento ISO 27001.
- ⇨ Codificación: Opcionalmente agregue un campo de código. Los números de referencia son opcionales. Si tienen sentido para la organización, proporcione un espacio reservado para el código del documento. Esto lo vincula con un procedimiento o con otro tipo de documento.

  Esto implica que cada registro tiene un código único y que está relacionado con un proceso del SGSI. Para esta codificación se suele emplear un código relacionado con el procedimiento (P), un número que identifica al proceso, un número que identifica al procedimiento (esto permite dividir en procedimientos distintos a partes del proceso), un código de registro (R), de instrucción (I) y un número único que identifica al documento en cuestión. Por ejemplo, podríamos decir que un registro de documentos del sistema podría codificarse como P1 R1 donde se codificaría P1 como documento relativo al procedimiento 1 que en el ejemplo estaría relacionado con la información documentada y el R1 que indicaría que es el registro 1 de relacionado con el procedimiento.

- ⇨ Versión/edición: El control de versiones es muy importante en un documento para mostrar el historial de ese documento. Debería incluir la fecha del cambio, cómo se realizó el cambio, qué cambio se realizó y el número de versión del documento. Uno de los campos a tener en cuenta aquí sería el lugar en el que se desarrolla la tarea a la que hace referencia el documento.
- ⇨ Fecha última revisión: La fecha de la última revisión puede ser la fecha en que el documento se actualizó por última vez. Es una buena

práctica proporcionar evidencia de la revisión y la forma más sencilla de hacerlo es hacer que el documento sea revisado y firmado en la reunión del equipo de revisión de la dirección y luego anotado en las actas de la reunión.

⇨ Nivel de confidencialidad: La clasificación de documentos es muy importante y está cubierta por otras cláusulas dentro de la norma, pero ahora es un buen momento para proporcionar un lugar para la clasificación de documentos. Esto se utilizará para aplicar el nivel apropiado de controles al documento.

Es recomendable que la organización tenga las plantillas o también llamadas formatos archivadas. Siempre que estos documentos estén actualizados al modelo que se usa habitualmente.

♦ **Actualización de documentos**

La organización debe verificar su documentación antes de ser auditada. La información documentada es lo principal sobre lo que se le auditará. Debe asegurarse de que todos sus controles de versión estén actualizados, que los documentos estén libres de comentarios y marcas de revisión, que tengan las aprobaciones adecuadas y las marcas de documentos adecuadas. Asimismo, el responsable de SI de que el control de versiones se haya tocado al menos una vez en los últimos 12 meses antes de que se realice la auditoría.

La organización tendrá un sistema de gestión de seguridad de la información documentado, políticas documentadas y registros documentales del funcionamiento efectivo de sus procesos demostrará que cumple con la cláusula 7.5.2 de la norma ISO 27001.

Pero solo si esos documentos incluyen el marcado requerido y usted puede evidenciar que los documentos fueron revisados y aprobados. Es necesario que el marcado de los documentos esté actualizado en los últimos 12 meses.

♦ **Aprobación de documentos**

El propietario de un documento puede aprobarlo, siempre y cuando el propietario del documento no realizó los cambios que se han realizado.

Es decir, siempre que el autor del cambio y el aprobador sean personas distintas.

La forma más sencilla de aprobar documentos y evidencia de que fueron aprobados es compartir los documentos en la próxima reunión del Equipo de Revisión de la Gerencia para obtener la aprobación. Una vez acordado dejar constancia de la decisión en el acta de la reunión.

5.3. Control de la Información Documentada

7.5.3 Control de la información documentada

La información documentada requerida por el sistema de gestión de seguridad de la información y por este documento se controlará para garantizar:

a. *Que esté disponible y sea adecuada para su uso, donde y cuando se necesite.*
b. *Que esté adecuadamente protegido (por ejemplo, contra la pérdida de confidencialidad, uso indebido o pérdida de integridad).*

Para controlar la información documentada, la empresa abordará estas actividades:

a. *Distribución, acceso, recuperación y uso.*
b. *Almacenar y conservar.*
c. *Controlar los cambios.*
d. *Retención y disposición.*

La información documentada de origen externo, determinada por la organización como necesaria para la planificación y operación del sistema de gestión de seguridad de la información, debe identificarse según corresponda y controlarse.

La norma ISO 27001 exige que la documentación se controle adecuadamente. Se pretende que una organización documente su SGSI, que la documentación esté codificada y que los documentos sean revisados y aprobados. Luego debe asegurarse de que los documentados estén controlados.

El control de la información documentada consiste en garantizar que los documentos estén disponibles según sea necesario y que estén adecuadamente protegidos.

El estándar ISO 27001 para la certificación ISO 27001 quiere la organización documente prácticamente todo y cómo se hace, está muy en línea con ISO 9001 y otras normas ISO; además comparte con estas familias de la ISO, la llamada estructura de alto nivel que ya comentamos anteriormente en este curso.

- **Clasificación de documentos**

  La clasificación de documentos es muy importante y está cubierta por otras cláusulas dentro de la norma, pero ahora es un buen momento para proporcionar un lugar para la clasificación de documentos. Esto se utilizará para aplicar el nivel apropiado de controles al documento. La organización suele implementar dos documentos para controlar los documentos: la Política de clasificación y manejo de información y la Matriz de clasificación de información.

- **Tabla de control de documentos**

  El control de versiones es muy importante en un documento para mostrar el historial de ese documento. Incluya una tabla de control de versiones en su plantilla de documento que tenga columnas para la fecha del cambio, cómo se realizó el cambio, qué cambio se realizó y el número de versión del documento. No olvidar incluir filas en la plantilla como marcadores de lugar que se puedan completar.

- **Acceso a documentos**

  Los documentos destinados a distribución en toda la empresa, como las políticas ISO 27001, deben colocarse en un área accesible a todo el personal. Sus papeles de trabajo y documentos confidenciales deben tener acceso restringido según su función y quién necesita ese acceso.

  Se debe brindar acceso a las políticas ISO 27001 a cualquier persona que trabaje para su organización y como parte de un plan estructurado de capacitación y comunicación.

  Para cumplir con el requisito de acceso a la información documentada, la organización debe restringir el acceso a los documentos según la función y la necesidad. Siempre que se garantice que los documentos que deben estar disponibles para las personas lo estén y que cuenta con controles para proteger esos documentos.

- **Política de retención de datos**

  Tenga implementada una política de retención de datos y los procesos asociados que cubran cuánto tiempo conserva los documentos y cómo los destruye.

- **Copias de seguridad**

  Deben existir copias de seguridad seguras de los documentos con una frecuencia de copia de seguridad decidida en función de la frecuencia de los cambios, las necesidades del negocio y los riesgos comerciales.

  Esto dependerá de las necesidades de la empresa y del apetito por el riesgo.

- **A tener en cuenta**

  La organización debe asegurarse de poder evidenciar todas las revisiones y aprobaciones, que se hayan realizado las copias de seguridad y asegurarse de verificar quién tiene acceso a qué.

  La organización debe tener un sistema de gestión de seguridad de la información documentado, políticas documentadas y registros documentales del funcionamiento efectivo de sus procesos. Esto demostrará el cumplimiento con la cláusula 7.5.3 de ISO 27001.

RESUMEN

- El soporte del SGSI está constituido por los recursos necesarios para establecerse, implementarse, mantenerse y mejorarse de forma continua.
- Los recursos son de varios tipos: personales, equipos, instalaciones, y económicos.
- La organización debe determinar la competencia necesaria para que las personas desarrollen sus tareas adecuadamente en el ámbito de la Seguridad de la Información. A continuación, tendrá que asegurar que las personas sean competentes mediante la experiencia y formación previas o posteriores a su incorporación. Además de aportar competencia al personal, el SGSI debe guardar documentación sobre la competencia del personal.
- Hay que conseguir que el personal tenga la competencia necesaria para realizar sus tareas relativas a la SI, y asegurar que los contratistas cumplan con los mismos requisitos.
- La formación tiene que ser evaluada para conocer su grado de eficacia. La evaluación debe ser desarrollada de una forma ordenada.
- Parte del proceso de capacitación es conseguir la implicación del personal en la Seguridad de la Información, es decir, que el personal esté concienciado con las políticas de SI y con los beneficios de su cumplimiento para la organización.
- La concienciación debe ser generalizada en todo el personal con funciones que tengan o puedan tener incidencia en la SI de la organización. Por ello, las personas deben ser conscientes de la política de SI, de su aporte a la eficacia del SGSI y las consecuencias de incumplir los requisitos del sistema.
- Teniendo en cuenta que una mala comunicación puede suponer una amenaza para la SI, se debe planificar cómo se va a realizar todo el proceso. Por tanto, debe ser puesta en marcha de forma interna y externa contemplando la información relevante del sistema conociendo el motivo de la comunicación, cuándo, cómo y a quién se comunica dicha información.

- La organización debe mantener una gestión de la información documentada que garantice que está actualizada, es veraz y que cumple con los requisitos del SGSI.
- Los niveles de la información documentada de mayor a menor rango: Manual de seguridad, procedimientos, instrucción y registros.
- La creación de documentos para por identificar y describir, mantener un formato y un medio para su almacenamiento y gestión. Por último, revisar y aprobar que los documentos son los idóneos y adecuados.
- Cómo mínimo, los documentos deben incluir información referente a: título, fecha, autor/responsable, codificación, versión, revisión y nivel de confidencialidad.
- Sobre la actualización y aprobación de la información documentada, la organización debe mantener un sistema de gestión de la documentación que garantiza la actualización y revisión de los documentos de forma regular.
- La información documentada debe ser controlada para que se garantice su disponibilidad y que sea adecuada para el uso necesario. Además, debe estar protegida de forma adecuada.
- Deben tenerse en cuenta la distribución, acceso, recuperación y uso de los documentos, así como su almacenamiento y conservación; el control de los cambios que sufren y su posible disponibilidad para los distintos tipos de usuarios.

ICB
EDITORES

UNIDAD

1.8. Operación

Contenido de la Unidad

- Planificación y Control Operacional
- Tratamiento de Riesgos de la SI
- Resumen

ICB
EDITORES

1. Planificación y Control Operacional

Este epígrafe de la norma ISO 27001:2022 se centra en los requisitos para la implementación del SGSI.

La Operación en sistemas ISO 27001 incluye todos los procesos que hacen funcionar al sistema de gestión de datos de la organización, desde la recogida de datos a la eliminación de los mismos, pasando por su procesamiento.

Los requisitos que fija la norma en este sentido son que se planifique, implemente y controle los procesos que permitan el cumplimiento de los requisitos de la SI.

Los procesos se desarrollan documentalmente en los procedimientos operativos del SGSI. En ellos se definen qué tareas se realizan, cómo se llevan a cabo, quién las desarrolla y en qué orden. Además, se fijan los documentos de control en los que se registrará la información del sistema.

En el Anexo A de la norma ISO 27001:2022 se desarrollan los requisitos que deben contemplarse de cara a la implementación de procedimientos. Se incluyen la respuesta a incidentes de SI, donde se definirá cual será la forma de gestionarlos, las responsabilidades relacionadas y la forma de documentarlos. Además, se considerarán en el desarrollo de procedimientos, como se gestionará la propiedad intelectual, como se gestionarán las instalaciones de procesamiento de datos y cómo se va a gestionar cada uno de los cambios que puedan producirse en el ámbito del SGSI.

Conforme a los requisitos de la norma ISO 27001, se actuará sobre los procesos en las siguientes etapas: 1) Desarrollo de procedimientos, 2) Asegurar la revisión y aprobación de los documentos, 3) Evidenciar el funcionamiento del proceso, 4) Auditar los procesos de la organización, 5) Informar sobre el final de uso, 6) Mejora continua, 7) Incluir la gestión de cambios y 8) Incluir un procedimiento de proveedores externos.

Es necesario desarrollar un plan de acciones que planifique los cambios teniendo en cuenta el riesgo que pueden aportar, o sea, evaluando los riesgos que aportan. Como tales, los cambios deben ejecutarse tras un proceso desarrollado previamente, registrando los resultados y validando que han seguido el procedimiento de cambio de la organización.

8.1. Planificación y control operacional.

La organización debe planificar, implementar y controlar los procesos necesarios para cumplir con los requisitos y para implementar las acciones determinadas en la Cláusula 6. Para ello, debe:

1. *Establecer criterios para los procesos.*
2. *Implementar el control de los procesos de acuerdo con los criterios.*

La información documentada deberá estar disponible en la medida que sea necesaria para tener confianza de que los procesos se han llevado a cabo según lo planeado.

La empresa controlará los cambios y tendrá que revisar las consecuencias de los cambios no deseados. Para ello, se tomarán medidas para reducir los efectos adversos, en función de lo que sea necesario.

La organización debe garantizar que los procesos, productos o servicios proporcionados externamente, que sean relevantes para el sistema de gestión de la seguridad de la información, estén controlados.

En el caso del epígrafe 8.1 de la norma, nos encontramos con la obligación de que la organización planifique, implemente y controle procesos que permitan cumplir con los requisitos de la SI.

Por tanto, este apartado de la ISO 27001 está referido a los procesos. Manteniendo información documentada sobre los procedimientos, implementándolos, ejecutándolos y evidenciando que se aplican. Asimismo, se tienen en cuenta aquí el control de cambios y de los procesos externos.

Anteriormente se definió como uno de los documentos importantes el Mapa de procesos de SI. Aquí se identificaban cuáles son las partes a desarrollar en el SGSI. Pues bien, en este punto se desarrollarán procedimientos operativos de cómo funcionará cada uno de los procesos de la organización que se han contemplado en el SGSI.

Para un desarrollo completo de los requisitos de la norma ISO 27001:2022 se hace referencia a la norma ISO 27002:2022 donde se encuentran definidos cuáles serán los procesos requeridos. A continuación, podemos ver en distintas cláusulas de la norma ISO 27002

ISO 27002. 5.24 Respuesta a incidentes de seguridad de la información:

La organización debe planificar y prepararse para gestionar incidentes de seguridad de la información definiendo, estableciendo y comunicando procesos, roles y responsabilidades de gestión de incidentes de seguridad de la información.

ISO 27002. 5.24 Respuesta a incidentes de seguridad de la información

Los incidentes de seguridad de la información deben responderse de acuerdo con los procedimientos documentados.

ISO 27002. 5.32 Derechos de propiedad intelectual

La organización debe implementar procedimientos apropiados para proteger los derechos de propiedad intelectual.

ISO 27002. 5.37 Procedimientos operativos documentados

Los procedimientos operativos para las instalaciones de procesamiento de información deben documentarse y ponerse a disposición del personal que los necesite.

ISO 27002. 8.32 Gestión de cambios

Los cambios en las instalaciones de procesamiento de información y los sistemas de información deben estar sujetos a procedimientos de gestión de cambios.

De cara al cumplimiento de los requisitos del punto 8.1 de la norma, habrá que seguir los siguientes pasos:

DESARROLLAR LOS PROCEDIMIENTOS

Se introdujo el término en el apartado de información documentada del Tema 7 Soporte. Hay que tener en cuenta el formato desarrollado en ese punto para diseñar este documento. Considerando codificación y versión del documento de tipo procedimiento operativo del SGSI.

Hay que documentar el proceso de trabajo en el área concreta que se está desarrollando. Esto debe incluir de forma clara y concisa cuál es el proceso cubierto por el documento, cómo se desarrolla el proceso, los recursos que necesita y las personas implicadas en el mismo. No se debe hacer mención a nombres y apellidos, sino a cargos del organigrama de la organización.

Debe tener en cuenta los resultados previstos para el proceso y tener en cuenta la posibilidad de fallo, incluyendo la excepción como parte del proceso y qué acciones poner en marcha de producirse el fallo.

Deben desarrollarse tantos procedimientos como procesos haya dentro del alcance del SGSI.

ASEGURAR LA REVISIÓN Y APROBACIÓN

La información documentada referente al procedimiento son los registros e instrucciones y ya se han mencionado en el tema 7. La cuestión es cumplir con los requisitos de actualización y aprobación de los documentos además de mantenerse codificados y cumpliendo con los requisitos de la información documentada.

EVIDENCIAR EL FUNCIONAMIENTO

Los registros aportan pruebas del funcionamiento del proceso al que hacen referencia. Sin embargo, no es la única evidencia posible, ya que se deben guardar comunicaciones relacionadas con la Seguridad de la Información, los informes sobre desempeño, etc… Hay que tener en cuenta que, a veces, guardar la información en bruto, puede ayudar a revisar la información que tiene la organización y aportar nuevas conclusiones y mejoras al sistema.

AUDITAR LOS PROCESOS

Se deben poner a prueba todos los procedimientos de trabajo con cierta frecuencia para ver si hacen correctamente su función. Mediante auditoría documentada y con una óptica autocrítica se debe realizar una mejora continua de cada procedimiento.

INFORMAR SOBRE EL FINAL DE USO

Se debe comunicar a las partes interesadas cuál será el protocolo de actuación llegados al final de la vida útil de la relación contractual. Se asegurará que se mantenga el cumplimiento de los requisitos sobre los activos al final de su ciclo.

MEJORA CONTINUA

El plan de comunicación se tiene que actualizar de forma continua de cara a responder a amenazar y riesgos conocidos.

INCLUIR LA GESTIÓN DE CAMBIOS

Debe existir un procedimiento de gestión de cambios que asegure que cada cambio producido en el SGSI es controlado y aprobado en cada caso.

INCLUIR UN PROCEDIMIENTO DE PROVEEDORES EXTERNOS

Hay que incluir un procedimiento o parte de uno que contemple los controles necesarios para su correcta gestión asegurando que su gestión es adecuada y cumplen con los requisitos de la organización y aportan su parte a la consecución de objetivos de la SI.

Cuando se subcontrata un proceso o parte del mismo, aparece un riesgo de pérdida de control de su realización. Para verificar el cumplimiento de los requisitos por parte de los proveedores es conveniente realizar auditorías externas que confirmen dicho cumplimiento, aunque estas revisiones deben ser pactadas; y generalmente, esto se acuerda por contrato. Aquí deben incluirse el alcance de la auditoría y la autoridad como cliente para realizarlas.

En el caso de las auditorías a proveedores hay que focalizar la búsqueda de hallazgos en la cadena de suministro, la capacitación de su personal, la aplicación de controles ISO 27001, los informes de seguridad de la información y los registros de cambios realizados.

1.1. La Gestión de Cambios

Los cambios pueden tener asociados determinados riesgos para la SI. Será necesario controlar que se analicen los cambios en las instalaciones, en los sistemas de procesamiento de datos y en el área comercial.

Para conseguir aplicar unos controles adecuados para gestionar los cambios habrá que guiarse por los datos arrojados por el análisis de riesgos y la aplicabilidad de los controles del Anexo sobre la organización.

Una de las consideraciones que no deben faltar es analizar los efectos de los cambios y analizarlos como si fuesen eventos. Con esto, será más fácil conocer los impactos causados en la SI.

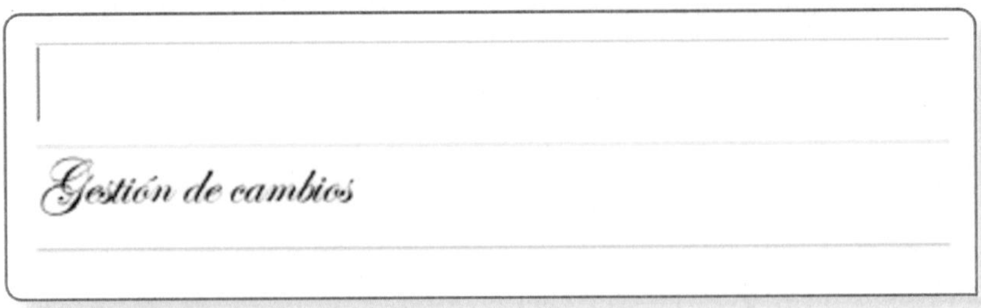

Resumiendo, será necesario que la evaluación de riesgos sea autorizada por los responsables de mayor nivel del SGSI y que cualquier cambio sea planificado de antemano siguiendo el protocolo establecido para tal fin. No será una decisión gratuita, ya que debe basarse en pruebas que evidencien la necesidad de aplicar el cambio.

Cada cambio realizado se debe registrar, contando con la información referente a: quién autoriza y qué se autoriza, quién y cuándo realiza el cambio, la validación del cambio y otras consideraciones que puedan ser necesarias.

Es necesario que se mantenga actualizada la documentación referente a:

- Procedimiento de cambio.
- Eventos de SI.
- Registro de auditorías y sus resultados.
- Registro de reuniones de revisión de lo sistemas de información y objetivos.

1.2. Valoración de Riesgos de la SI

8.2. Valoración de riesgos de la seguridad de la información.

La organización debe realizar evaluaciones de riesgos de seguridad de la información a intervalos planificados o cuando se propongan o ocurran cambios significativos, teniendo en cuenta los criterios establecidos en 6.1.2 a).

La empresa conservará la información documentada de los resultados que surjan de la evaluación de los riesgos de SI.

Este punto de la norma incluye el requisito de realizar evaluaciones de riesgos que se definieron en el punto 6. Se describió en el Tema 6 Planificación como debía realizarse, o lo que es lo mismo, explicaba que era necesario realizarla, y se explicaban los criterios para hacerlo. En ese caso se hablaba de "Aplicar una evaluación de riesgos de Seguridad de la Información".

En el punto 8.1 hablábamos en términos de procesos, afinando que se expusieran documentalmente todo lo relacionado con cada uno de los procesos. Ahora la norma requiere que se implementen las evaluaciones de riesgo de la forma en la que se defina en el procedimiento específico que desarrolla la organización. Por tanto, se tiene que desarrollar un procedimiento de evaluación de riesgos en el que se especifique cómo, cuándo y quién realizarlo, y que documente sus hallazgos.

Repasando lo expuesto en el Tema 6, diremos que hay que seguir el siguiente proceso:

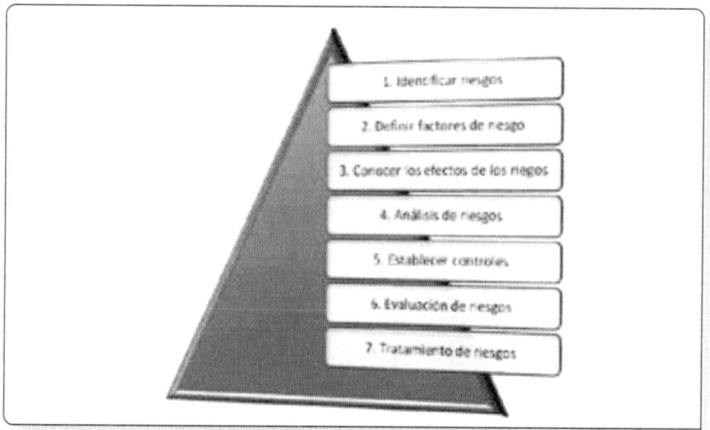

La organización debe practicar evaluaciones de riesgos para la SI regularmente de forma planificada, incluyendo las evaluaciones que se realicen para adaptarse a un cambio en el contexto o de cualquier tipo que requieran una nueva evaluación. Además, todo este proceso debe ser documentado.

Cómo mínimo el proceso de evaluación de riesgos debe ejecutarse una vez al año. Si bien, pueden no aparecer nuevos riesgos ni cambiar los preexistentes, hay que valorar si la evaluación previa y sus conclusiones continúan vigentes. Por tanto, mientras mayor sea su frecuencia, más precisos serán sus resultados y aportarán una mejora más sustancial al SGSI.

Como decíamos anteriormente, el procedimiento de evaluación de riesgos debe estar preparado para responder a los cambios en la realidad de la Seguridad de la Información, adaptando la respuesta a los cambios en los riesgos a la mayor brevedad posible. Por tanto, es una buena práctica mantener una evaluación de riesgos que recoja conclusiones de revisión de la dirección con una periodicidad trimestral o similar. Lógicamente todo depende de la disponibilidad del equipo y la cantidad de recursos de los que disponga.

Como conclusión, debemos mejorar la precisión de la identificación y valoración de riesgos con cada evaluación de riesgos. Esto supone aplicar el ciclo de mejora continua también en este proceso.

2. Tratamiento de Riesgos de la SI

8.3. Tratamiento de riesgos de la seguridad de la información.

La empresa implementará un plan para tratar los riesgos de SI.

La compañía tendrá que mantener información documentada acerca del resultado del tratamiento de los riesgos de SI.

El requisito asociado a este punto de la norma ISO 27001:2022 es la implementación de un plan de tratamiento de riesgos de seguridad de la información y el registro documentado de los resultados del tratamiento. Este plan ya fue analizado en el Tema 6 Planificación.

El tratamiento de riesgos se realiza una vez acabado el proceso de Evaluación de riesgos de la SI, e igualmente se lleva a cabo cíclicamente como mínimo anualmente. Los controles aplicables al tratamiento de riesgos están expuestos en el anexo A de la norma. La elección de los controles necesarios en cada caso estará siempre en relación con la Declaración de aplicabilidad del SGSI que ya mencionamos en su momento.

2.1. Gestión del Tratamiento de RIesgos

El tratamiento de riesgos proviene de la evaluación de riesgos y de la declaración de aplicabilidad. Se trata de un conjunto de controles aplicados de la forma que la organización determine.

En el Plan de tratamiento de riesgos hay que incluir las tareas que han de realizarse en relación a los riesgos que trata de atajar. Además, se deben describir las acciones concretas (o subtareas) que se van a realizar, quiénes las van a realizar y de qué forma lo van a hacer (tiempo, orden, forma). Por último, cuáles serán los indicadores y los criterios de aceptación sobre el éxito de las medidas desarrolladas y los riesgos a los que se relacionan.

La aceptación de los distintos tratamientos estará relacionada con los objetivos que la organización tiene definidos. Habrá que tener en cuenta las implicaciones en cuestión de asignación de recursos que tenga afrontar cada uno de los riesgos evaluados. En caso de no poder hacer frente a las medidas necesarias se identificarán cuáles son los niveles de riesgo aceptables en cada caso, de cara a evitar poner más medios al tratamiento de riesgos que la capacidad real de la organización de usarlos.

Por ejemplo, si el riesgo en materia de Confidencialidad es imposible de mitigar al 100%, es necesario proponer metas que reduzcan en la medida de lo posible el número de incidentes al respecto. La cifra debe ser asumible por la organización, pero debe apuntar a la mejora de la situación previa a la evaluación.

Una vez aplicados los distintos controles y conseguidos los datos del éxito del tratamiento de riesgos debemos documentar:

- ⇨ Los riesgos tratados.
- ⇨ Los controles requeridos.
- ⇨ Los incidentes producidos en cada riesgo antes y después de la aplicación de los controles.
- ⇨ Las acciones emprendidas.
- ⇨ Los recursos asignados
- ⇨ Los riesgos residuales.
- ⇨ El grado de consecución de los objetivos.
- ⇨ Otras informaciones relevantes.

Esta información documentada se tiene que distribuir al equipo de revisión por la dirección y que los responsables de Seguridad de la Información tengan conocimiento de los riesgos, su tratamiento y del estado de los riesgos tras su aplicación.

2.2. En la Práctica

Para aplicar los requisitos de este punto, hay que calificar cada uno de los riesgos de forma efectiva. Tras un correcto tratamiento de riesgos adecuado se deben conocer los riesgos relevantes y su nivel.

Tras la evaluación de riesgos inicial se ha de ejecutar el tratamiento planificado y aplicar los controles que se hayan determinado.

El siguiente paso sería actualizar los registros y realizar una auditoría de riesgo, registrando los resultados de los riesgos encontrados y su nivel. Tras el primer ciclo, lo lógico es que haya bajado el nivel de riesgo y que el riesgo residual haya bajado. Si no es así, hay que reevaluar los controles a aplicar, porque son insuficientes.

El proceso de tratamiento de riesgo se evidencia de la siguiente forma:

Reunión anual
- Celebrar una reunión anual de revisión de riesgos y acta de resultados.

Registro
- Mantener y utilizar un registro de riesgos.

Orden del día
- Seguir la estructura del orden del día de la reunión del equipo de revisión de la dirección que cubre la evaluación de riesgos.

Proceso
- Incluir la evaluación de riesgos como parte de sus procesos operativos.

2.3. Tras el Tratamiento

Una vez tratados los riesgos, habrá que decidir cómo se va a gestionar cada uno de ellos. Para ello existen múltiples posibilidades, aunque se podrían resumir en:

- **Mitigar el riesgo:** Es posible atajar cada uno de los riesgos del la SI de los activos de la organización, pero nunca se pueden eliminar, esto quiere decir, que los riesgos siempre están presentes. El objetivo será reducir al mínimo la posibilidad de ocurrencia de un incidente relacionado con cualquiera de ellos.

- **ransferir el riesgo:** Aunque la responsabilidad de los riesgos es de la organización, es posible atribuir el tratamiento de riesgos a un tercero. De esta forma, un equipo especializado puede realizarlo y reducir costes a la organización.

- **Asumir el riesgo:** Se puede dar el caso de que el tratamiento de un riesgo no pueda ir más allá en su minimización. En tal caso, el equipo que realiza la revisión por la dirección debe abrir un acta respecto a este riesgo y aceptar un grado concreto de ocurrencia. A partir de ese momento, se entenderá como riesgo mínimo y se tomarán planificarán medidas para que este se mantenga en esa situación.

RESUMEN

- La operación engloba a los procesos que se desarrollan en la organización en el marco de la SI. Es un requisito que la organización planifique, implemente y controle los procesos que permitan cumplir con los requisitos de la SI.
- Los procesos se desarrollan documentalmente en los procedimientos operativos del SGSI. En ellos se definen qué tareas se realizan, cómo se llevan a cabo, quién las desarrolla y en qué orden.
- En el Anexo A de la norma ISO 27001:2022 se desarrollan los requisitos que deben contemplarse de cara a la implementación de procedimientos. Se incluyen la respuesta a incidentes de SI, las responsabilidades y la forma de documentarlos.
- Se actuará sobre los procesos en las siguientes etapas: 1) Desarrollo de procedimientos 2) Revisión y aprobación de los documentos 3) Funcionamiento de procesos, 4) Auditoría de procesos de la organización, 5) Informar sobre el final de uso, 6) Mejora continua, 7) Incluir la gestión de cambios y 8) Incluir un procedimiento de proveedores externos.
- Es necesario desarrollar un plan de acciones que planifique los cambios teniendo en cuenta el riesgo que pueden aportar. Como tales, los cambios deben ejecutarse tras una gestión adecuada, registrando los resultados y validando que han seguido el procedimiento de cambio de la organización.
- La organización debe hacer evaluaciones de riesgos de la SI de forma regular y planificada, así como cuando haya cambios. Estas evaluaciones tienen que seguir una serie de criterios y sus conclusiones deben ser guardadas como información documentada.
- El proceso de evaluación de riesgos debe seguir el proceso de identificar riesgos, definir sus factores, conocer sus efectos, analizarlos, fijar controles y tratar los riesgos.
- La organización debe establecer un plan de tratamiento de los riesgos identificados y evaluados. Para ello tiene que desarrollar un proceso que permita aplicar controles y acciones que mitiguen estos riesgos en la medida de lo posible.

- El proceso de tratamiento se aplica de forma reiterada a cada evaluación de riesgos. Por lo tanto, se realiza como mínimo de forma anual.
- El plan de tratamiento de riesgos es producto de la evaluación de riesgos y de la declaración de aplicabilidad. Está definido por una serie de controles elegidos por los responsables de la SI y se fija riesgo a riesgo cómo, cuándo, qué recursos y en qué orden se van a aplicar dichos controles para mitigar cada uno de los riesgos de la organización.
- El tratamiento de riesgos de la SI debe estar enfocado en la consecución de los objetivos de SI de la organización.
- Los resultados del tratamiento de riesgos deben ser documentados y evaluados los niveles de los riesgos relevantes.
- El plan de tratamiento de los riesgos debe ser constituido como uno de los procesos del SGSI y mantener evidencia de su cumplimiento en forma de información documentada.
- Una vez concluido el proceso de evaluación y tratamiento de riesgos, la organización tiene como opción mitigar los riesgos, transferir los riesgos o asumirlos. Estas opciones se aplican a cada uno de los riesgos sometidos al proceso.

UNIDAD

1.9. Evaluación del Desempeño

Contenido de la Unidad

ICB
EDITORES

1. Seguimiento, Medición, Análisis y Evaluación

En este punto de la norma se requiere que el SGSI establezca los protocolos necesarios para medir el rendimiento de si mismo. Estas revisiones se tienen que practicar de forma planificada y regular. Su utilidad es conocer el grado de cumplimiento de los requisitos de la norma y todos aquellos que sean aplicables en el SGSI.

9.1. Seguimiento, medición, análisis y evaluación.

La organización determinará:

- *a) Qué monitorear y medir, incluyendo los procesos y los controles de SI.*
- *b) Los métodos de seguimiento, medición, análisis y evaluación, según corresponda, para garantizar la validez de los resultados. El método elegido producirá resultados que se puedan comparar y reproducir para considerarse válidos.*
- *c) Cuándo se realizará el seguimiento y la medición.*
- *d) Quién deberá monitorear y medir.*
- *e) Cuándo se van a analizar y evaluar el resultado del seguimiento y la medición.*
- *f) Quién analizará y evaluará estos resultados.*

La información documentada deberá estar disponible como evidencia de los resultados.

La organización debe evaluar el desempeño de la seguridad de la información y la eficacia del sistema de gestión de la seguridad de la información.

Para evaluar los requisitos que se citan en la norma será necesario desarrollar un procedimiento operativo donde se especifiquen las mediciones que se van a realizar quién, cuándo y de qué forma se va a medir.

En primer lugar, habría que elegir los recursos oportunos para la realización de auditorías, evaluando cuáles son los necesarios para ejecutarlas completamente, sin malgastarlos.

A continuación, es recomendable que se establezcan metas para la monitorización, es decir, hay que decidir qué se persigue respecto al desempeño de las áreas a revisar. Es por tanto una cuestión de revisar proceso a proceso del sistema, considerando distintos objetivos de éxito en función del proceso y del momento de implantación. Las metas a lograr serán tanto más exigentes cuanto más avanzada esté la implantación del SGSI.

Todo el proceso de auditorías debe ser planificado y documentado para dejar evidencia de la revisión del sistema. La evaluación del SGSI debe ser sistemática y usando criterios objetivos, medibles y comparables.

1.1. Seguimiento

La forma de hacer un seguimiento de los puntos esenciales del SGSI se establece en la norma 27002:2022 mediante controles que se enumeran en los siguientes puntos:

> ***ISO 27002:2022. Cláusula 5.7 Inteligencia sobre amenazas***
>
> ***La información relacionada con las amenazas a la seguridad de la información debe recopilarse y analizarse para producir inteligencia sobre amenazas.***

Se trata de una forma de seguimiento indirecto para recopilar inteligencia sobre amenazas y hacer una evaluación más eficaz del riesgo.

> ***ISO 27002:2022. Cláusula 5.22 Seguimiento, revisión y gestión de cambios de los servicios de proveedores***
>
> ***La organización debe monitorear, revisar, evaluar y gestionar periódicamente los cambios en las prácticas de seguridad de la información de los proveedores y en la prestación de servicios.***

En este punto los controles se centran en la cadena de suministro, ya que supone un alto riesgo para la organización. Aquí se intenta incidir la SI en los proveedores de forma periódica, ejerciendo en este caso la organización como parte interesada.

> ***ISO 27002:2022. Cláusula 7.5 Monitoreo de seguridad física***
>
> ***Las instalaciones deben ser monitoreadas continuamente para detectar accesos físicos no autorizados.***

Aquí nos encontramos con el control sobre las medidas de seguridad físicas tales como controles de acceso, normas de visita, cámaras de seguridad, alarmas, identificación de visitantes, etc.

ISO 27002:2022. Cláusula 8.6 Gestión de Capacidad

El uso de los recursos debe monitorearse y ajustarse de acuerdo con los requisitos de capacidad actuales y esperados.

Esta gestión se centra en la característica de Disponibilidad que debe tener el SGSI. Se pretende asegurar que la información y los sistemas de datos estén disponibles en cualquier momento y que la capacidad del sistema sea siempre óptima.

ISO 27002:2022. Cláusula 8.9 Gestión de la configuración

Se deben establecer, documentar, implementar, monitorear y revisar las configuraciones, incluidas las configuraciones de seguridad, de hardware, software, servicios y redes.

Hay que desarrollar un proceso para la incorporación, implementación y revisión de las configuraciones de seguridad para los equipos, sistemas, redes u servicios de la organización.

ISO 27002:2022. Cláusula 8.15 Registro

Se deben producir, almacenar, proteger y analizar registros que registren actividades, excepciones, fallas y otros eventos relevantes.

Es de los controles más sencillos de aplicar, puesto que en la mayoría de software y sistemas viene ya incorporado un registro.

ISO 27002:2022. Cláusula 8.16 Actividades de seguimiento

Se deben monitorear las redes, los sistemas y las aplicaciones para detectar comportamientos anómalos y se deben tomar las acciones adecuadas para evaluar posibles incidentes de seguridad de la información.

Las redes, sistemas y aplicaciones son fuente habitual de eventos de seguridad. Por este motivo, hay que emprender acciones para monitorizar y evaluar estos incidentes de la SI.

ISO 27002:2022. Cláusula 8.21 Seguridad de los servicios de red

Se deben identificar, implementar y monitorear los mecanismos de seguridad, los niveles de servicio y los requisitos de servicio de los servicios de red.

Se deberían identificar los mecanismos de seguridad, los niveles de servicio, así como los requisitos de gestión de todos los servicios de red, e incluirlos en los acuerdos de servicios de red, ya sea que los servicios se presten internamente o se contraten externamente.

ISO 27002:2022. Cláusula 8.30 Desarrollo Subcontratado

La organización debe dirigir, monitorear y revisar las actividades relacionadas con el desarrollo del sistema subcontratado.

Se trata de un control dedicado exclusivamente al desarrollo de software subcontratado. De producirse debe ser monitorizado y revisado mediante un control.

- **Utilidad de la monitorización**

Las motivaciones para realizar mediciones del rendimiento del sistema de gestión son diversas; pero la principal, considerando las características de los sistemas ISO, sería el cumplimiento del requisito de cara a la certificación.

El motivo por el que es uno de los puntos esenciales de la norma es que la revisión pormenorizada del sistema permite acercar el funcionamiento de los procesos de Seguridad de la Información a un funcionamiento ideal y a una mejora de su producción y acerca a los objetivos comerciales de la organización. También facilita la integración de las distintas partes del SGSI entre sí y con el resto de operativa de la organización.

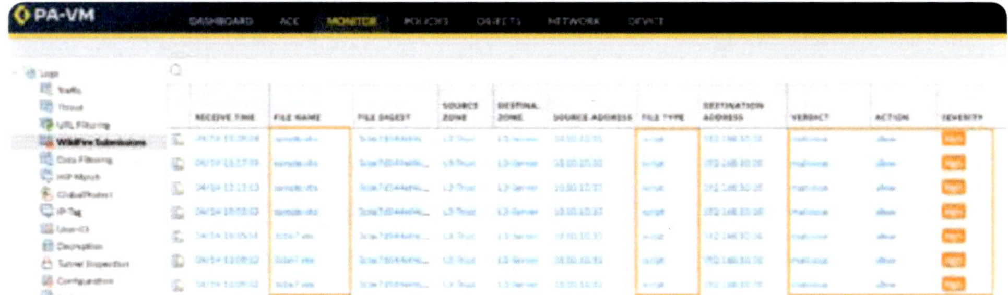

Además de lo expuesto, el monitoreo puede aportar:

- ⇨ Una implicación de la SI en las decisiones estratégicas.
- ⇨ Mejorar la eficacia de los controles y aumento en la concienciación del personal al respecto de los mismos.
- ⇨ Claridad y competencia para demostrar la capacidad de la organización en materia de SI.
- ⇨ Aumento en la imbricación de los procesos de SI con el resto de gestión de riesgos empresariales de la organización.
- ⇨ Mejora en la confianza de las partes externas.
- ⇨ Adaptación a un entorno legal y de riesgos cambiante.

1.2. Medición

La norma ISO 27001:2022 no concreta los puntos de medición, deja en manos de la organización las decisiones sobre qué parámetros medir y los objetivos de medición.

Las mediciones tendrán la complejidad que se desee, puesto que hay organizaciones que desean afinar sus resultados al punto de necesitar aplicar fórmulas matemáticas complejas a sus resultados para ver si son los deseados; y en otros casos es posible que una simple escala sea suficiente para determinar la medida.

El objetivo final de las mediciones es conocer el grado de cumplimiento con objetivos medibles en cada uno de los procesos de SI de la organización. Estos procesos pueden agruparse en 5 tipos:

1. Alineación de TI y negocios.
2. Gestión de riesgos de SI.
3. Cumplimiento legal o normativo.
4. Sensibilización y comunicación.
5. Auditoría o revisión del sistema.

1.3. Análisis del SGSI

Hay que evaluar cada una de las partes del sistema de gestión como serían:

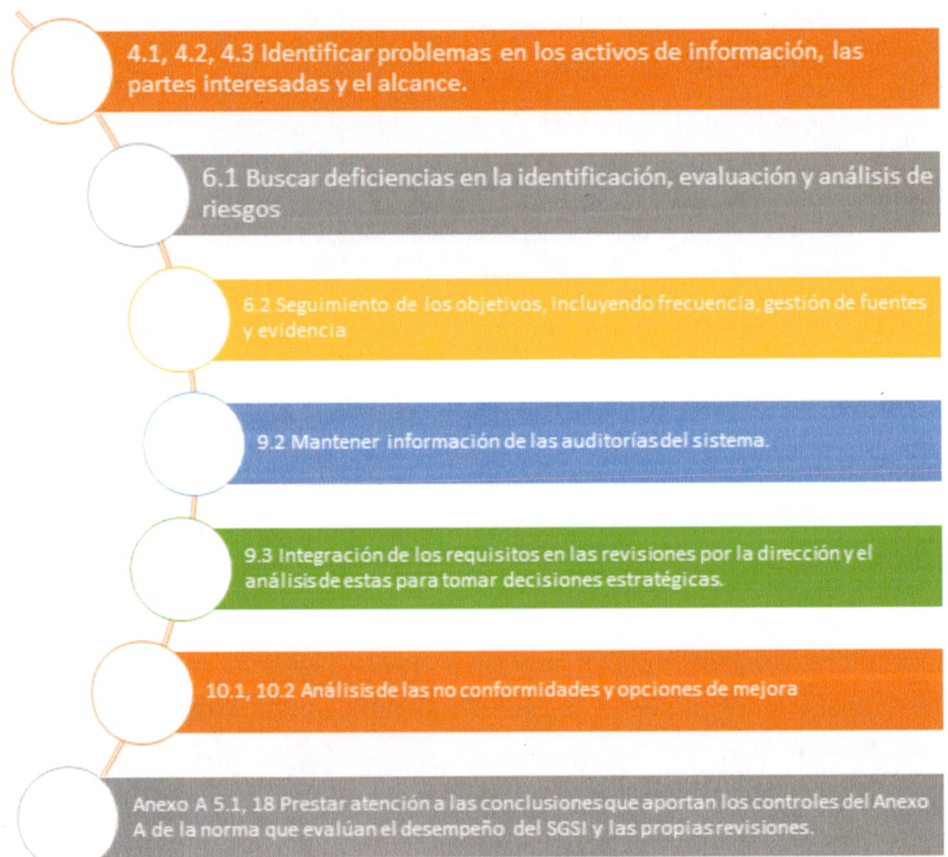

1.4. Cumplir con el Punto 9.1

De cara a cumplir con los requisitos del punto 9.1 la norma ISO 27001:2022, es conveniente poner en práctica las siguientes acciones:

1. Mantener información documentada de los sistemas y procesos del SGSI.

   En primer lugar, es necesario inventariar todos los activos y los recursos de la organización, es decir, definir el alcance del contexto interno, así como los procesos desarrollados en el SGSI. Este inventario debe ser pormenorizado e identificar la arquitectura del sistema, el diseño de los servidores físicos y virtuales, los recursos humanos y los registros documentales de activos.

2. Practicar evaluaciones de riesgos.

   Hay que documentar la evaluación de riesgos de los activos. De sus conclusiones se obtendrá la información para dar prioridades a distintos puntos del sistema identificando los sistemas clave para su monitorización.

3. Elegir lo que se va a monitorizar y medir.

   Después de ver las funciones de los distintos procesos y sistemas y de aplicar la evaluación de riesgos se elige lo que se va a monitorizar. Hay que priorizar lo esencial para asegurar la SI.

   Dentro del proceso de monitorización hay que decidir qué medidas son las que integrarán los monitores y con ello, lo que se va a medir. La medición será producto de la tecnología y las capacidades de la organización y de los servicios externos.

4. Crear informes de los resultados del SGSI.

   Los informes de los resultados de las mediciones deben cubrir a todos los niveles y producirse de forma automática en ciertos casos como la ocurrencia de eventos, y a demanda del usuario para casos concretos que sean necesarios.

5. Desarrollar un proceso de revisión periódico.

   Se trata de crear una sistemática de revisión de los datos en todo el flujo de trabajo, en cada punto y lo más minuciosamente posible. Además, hay que verificar que los controles automáticos están realizando su función correctamente; comparando el control automático con un control manual para ver si el primero es eficaz.

6. Establecer pasos de excepción.

   Estos definen los umbrales de las medidas o monitores. En este caso hay que desarrollar las acciones a realizar en caso de exceder esos límites admisibles.

7. Mantener informado al Equipo de revisión del SGSI.

   Se relaciona con el requisito de comunicación y con el proceso de mejora continua. Los resultados tienen que ser compartidos y discutidos y acordar las acciones para, en su caso, subsanar las deficiencias.

8. Mantener una mejora continua

   El objetivo es mantener una línea ascendente en el control de medidas y monitores, mejorando el rendimiento de los recursos asignados y ajustando su funcionamiento.

2. Auditoría Interna

9.2. Auditoría interna.

9.2.1 Generalidades

La organización debe realizar auditorías internas a intervalos planificados para proporcionar información sobre si el sistema de gestión de la seguridad de la información:

a. Se ajusta a:

1. Los requisitos de la empresa para el SGSI.

2. Los requisitos de la ISO/IEC 27001:2022.

b. Se implementa y mantiene de manera efectiva.

2.1. Generalidades

Una parte del proceso de implantación, mantenimiento y mejora continua de los SGSI es la auditoría interna. Esta aporta información sobre el cumplimiento del sistema de los requisitos de la norma ISO 27001:2022 y demostrar que el SGSI está implantado de forma eficaz.

Es necesario que las auditorías internas se gestionen de forma planificada y mediante un proceso completo previsto de antemano. Este proceso tiene que establecer un protocolo de revisión que permita evaluar el cumplimiento de los requisitos de la organización y de la norma.

La auditoría es una verificación de cumplimiento que implica al SGSI y el buen funcionamiento de los controles de seguridad de la información. Este proceso tiene que realizarse completamente con anterioridad a la auditoría de certificación.

9.2.2 Programa de auditoría interna

La organización debe planificar, establecer, implementar y mantener uno o varios programas de auditoría, incluida la frecuencia, métodos, responsabilidades, requisitos de planificación e informes.

Al establecer los programas de auditoría interna, la organización debe considerar la importancia de los procesos en cuestión y los resultados de auditorías anteriores.

La organización deberá:

- *a. Definir los criterios de auditoría y el alcance de cada auditoría.*
- *b. Elegir auditores y llevar a cabo auditorías para garantizar objetividad e imparcialidad en el proceso de auditoría.*
- *c. Asegurar que los resultados de las auditorías se informen a la dirección correctamente.*

La información documentada deberá estar disponible como evidencia de la implementación del programa de auditoría y los resultados de la auditoría.

La revisión y mejora continua del SGSI tiene dos pilares fundamentales: la auditoría interna y la revisión de gestión. En ambos casos se ha de planificar su ejecución. La planificación debe incluir los intervalos para la realización de auditorías internas que como mínimo se fijará en un año.

El programa o programas de auditoría deben asegurar la revisión de todos los aspectos significativos del SGSI e incluir al personal adecuado para su realización que permitan asegurar la imparcialidad y objetividad en el proceso de auditoría.

El programa de auditoría considerará al menos:

⇨ Frecuencia y fechas previstas para la realización.

⇨ El alcance.

⇨ La metodología de revisión que se va a aplicar.

⇨ La asignación de roles y responsabilidades para las tareas del proceso de auditoría interna.

⇨ Los resultados de anteriores auditorías, tanto internas como externas.

Hay que definir los requisitos de los que hay que verificar su cumplimiento. Estos requisitos serán: ISO27001, legales, de la organización y de las partes interesadas, comprobando la implantación de los procesos y políticas.

2.2. Criterios de Auditoría

Se trata de las referencias con las que se comparará el SGSI. Por tanto, se considerarán los patrones de referencia (ISO27001, leyes, políticas de SI, procedimientos, cumplimiento de objetivos, etc.) a la hora de ver si la realidad del SGSI es cercana a estos patrones. Además, se tendrán en cuenta si los controles son eficaces de cara a la mitigación de riesgos.

El programa auditoría interna debe ser almacenada y aprobada como información documentada y tratada como tal por el SGSI.

El alcance de la auditoría se fijará antes de la realización de cara a saber hasta qué punto se va a revisar el sistema. El alcance considerará las ubicaciones físicas, las secciones de la organización, las actividades y procesos, el plazo temporal y los sistemas que van a ser revisados. Por último, se debe incluir la fecha de inicio y fin y el lugar de realización.

2.3. Auditores

El equipo auditor es el responsable de realizar las tareas relacionadas con la auditoría interna. Para un buen desempeño es vital que cada miembro demuestre imparcialidad e independencia.

La independencia implica que no tengan atribuciones en ninguna de las áreas y/o procesos que vaya a auditar.

2.4. Realización

Previamente a la realización de la auditoría interna, el equipo auditor tiene que comunicar a los responsables de las áreas auditadas que van a ser auditados. Además, se solicitará la documentación referente a procedimientos y registros necesarios para analizaros previamente a la realización.

La auditoría interna tiene que ser planificada de antemano según las necesidades, la disponibilidad de la organización y los riesgos identificados a priori.

Se debe implementar un programa completo de auditoría que presente una estructura y una agenda claras.

Una vez diseñado el proceso de auditoría interna es necesario que éste sea mantenido y mejorado de forma continua.

Se revisarán sistemáticamente dos partes fundamentales: el sistema de gestión y las pruebas de cumplimiento. En primer lugar, se revisará la información documentada referente a contexto, alcance, gestión de riesgos, declaración de aplicabilidad, políticas, organigrama, no conformidades y resultados de auditorías anteriores entre otras. En segundo lugar, se revisan las pruebas de cumplimiento, dónde se puede ver el grado de implantación de los controles desarrollados en el sistema; comprobando en este punto las áreas de riesgo y la operativa del SGSI.

A continuación un ejemplo de un checklist parcial para uso en auditorías ISO 27001:

I. Datos de Auditoría.	
Nombre del Auditor / Grupo auditor:	N° de referencia:
Lugar de la auditoría:	Fecha:

II. Requisitos Normativo.

4. Contexto de la Organización.

4.1 Conocimiento de la organización y su contexto

N°	Condición	SI	NO	Observaciones
1	¿Se han identificado las cuestiones internas y extenas que son pertinentes al sistema de Gestion?			

4.2. Conocimiento de las necesidades y expectativas de las partes interesadas

N°	Condición	SI	NO	Observaciones
2	¿Se han establecido las partes interesadas?			
3	¿Se han identicado cuales necesidades o expectativas se convierten en requisitos legales y otros requisitos?			

4.3. Determinación del alcance del sistema de seguridad de la información

N°	Condición	SI	NO	Observaciones
4	¿Se han identificado lo s limites y la aplicabilidad del sistema de seguridad?			
5	¿Se ha establecido u n alcance?			
6	¿Se ha considerado para el alcance las cuestiones in ternas y externas en el alcance?			
7	¿Se ha considerado las necesidades y expectativas de las partes interesadas pertinent es?			
8	¿Se mantienen el alcance como información documentada?			

4.4. Sistema de Gestión de la Seguridad de la Información

N°	Condición	SI	NO	Observaciones
9	¿Se establece, implementa, mantiene y mejora continuamente un sistema de gestion de seguridad de la informacion?			

5. lderazgo y compromiso.

5.1 Liderazgo y compromiso.

N°	Condición	SI	NO	Observaciones
10	¿La alta dirección demostra liderazgo y compromiso con respecto al sistema de gestión de seguridad de la informacion?			
11	¿La alta direccion ha establecido la politica y objetiv os del SG de la inform acion y que sean com patibles con la dirección estratégica de la organización?			
12	¿Se han integrado los requisitos del sistema de gestion de la información en los procesos de negocio?			
13	¿Se cuentan con lo s recursos necesarios para el del SG de la inform acion ?			
14	¿La alta dirección se asegura de que el SG de la inform acion alcance los resultados previstos?			
15	¿La alta dirección apoya a las personas, para contribuir a la eficacia del SG de la in form acion ?			
16	¿La alta dirección promueve la mejora continua?			
17	¿Demuestra liderazgo apoyando a las áreas pertienentes?			
18	¿Desarrollando una cultura en la organizacion para apoyar los resultados previstos del SG de la informacion ?			
19	¿Apoya las funciones de la gerencia para demostrar su liderazgo correspondinet a su Area?			

5.2. Politica

N°	Condición	SI	NO	Observaciones
20	¿La alta dirección ha establecido implementado y mantenido la politica de la seguridad de la informacion?			
21	¿La politica es adecuada para el proposito de la información e incluye los objetivos de seguridad d ela información?			
22	¿Incluye un compromiso para cumplir los requisitos aplicables relacionados?			
23	¿Incluye un compromiso para la mejora continua del sistema de gestión de la información?			
24	¿Incluye un compromiso para la consulta y la participación de los trabajadores y/o los representantes de los trabajadores?			
25	¿La politica de seguridad se mantiene como información documentada?			
26	¿La politica de seguridad se comunica dentro de la organización?			

2.5. Documentación de la Auditoría

♦ Informe de auditoría

El jefe del equipo auditor, a la finalización de la auditoría tiene que presentar un informe donde se describe el proceso realizado, lo que se ha revisado, quién y cuándo lo ha hecho, incluyendo los hallazgos encontrados indicando el tipo, su grado y la cantidad de no hallazgos encontrados. Además, se establecerán los plazos para afrontar las acciones necesarias para atajar las no conformidades y observaciones abiertas en la auditoría. Por último, el equipo auditor debe hacer un balance general del SGSI en el que concluirá el estado de implantación y su grado de madurez, aportando una visión de los puntos fuertes y áreas de mejora del sistema, junto con la evolución del mismo.

Este informe se ha de comunicar a la dirección de la organización, explicando punto por punto cuáles han sido las áreas auditadas y los hallazgos al respecto del cumplimiento de la norma y los requisitos, así como el mantenimiento de los registros.

La organización debe conservar información documentada del plan de auditoría, de los registros revisados en la revisión y del informe de auditoría. El registro de resultados de la auditoría se mantendrá como registro del desempeño del SGSI.

♦ Contenido del informe

El informe debe incluir determinada información como mínimo para tener validez como informe sobre el desempeño del SGSI. Aunque es posible incluir más información, será necesario que contenga la siguiente información:

- ⇨ Áreas y alcance: Se trata de definir las áreas y procesos que han sido auditados, junto con la fecha y horas en las que se ha realizado.
- ⇨ No conformidades, observaciones y acciones correctivas: Se identificarán las no conformidades y observaciones encontradas, describiendo a qué procesos corresponden y definiendo cuáles son los requisitos afectados. Además, habrá que incluir las acciones que se proponen para las no conformidades halladas de cara a cumplir con los requisitos que no se cumplen en los hallazgos.
- ⇨ Opciones de mejora: Se trata de ir más allá de los incumplimientos, ya que son sugerencias de mejora sobre determinadas partes del SGSI con el fin de conseguir una mejora continua.
- ⇨ Documentación: Es necesario incluir la documentación del sistema que se ha auditado.

⇨ Valoración del sistema: Es una valoración somera de los puntos fuertes y las opciones de mejora que se han encontrado en el proceso de auditoría.

INFORME DE AUDITORIA INTERNA

Nº AUDITORIA:

EMPRESA AUDITADA:

NORMA DE REFERENCIA:

OBJETIVOS DE LA AUDITORIA:

ALCANCE DE LA AUDITORIA:

CRITERIOS DE AUDITORIA:

AUDITOR S.G.S.I.:

FECHA/S DE REALIZACIÓN:

SECCION AUDITADA:

FORTALEZAS:

NO CONFORMIDADES MAYORES:

NO CONFORMIDADES MENORES:

OPORTUNIDADES DE MEJORA:

FECHA DEL INFORME:

CONCLUSIONES DE AUDITORIA:

NÚMERO DE HOJAS:

⇨ Firma del equipo auditor.

♦ **Planes de acción**

El equipo auditor debe establecer un protocolo de acciones para hacer un seguimiento de las acciones correctivas y evaluar la eficacia de su implantación. La aprobación de los planes de acción depende de la alta dirección, ya que el incumplimiento de los requisitos es responsabilidad directa de ésta.

3. Revisión por la Dirección

9.3. Revisión por la dirección.

9.3.1 Generalidades

La alta dirección debe revisar el sistema de gestión de la seguridad de la información de la organización a intervalos planificados para garantizar su idoneidad, adecuación y eficacia continuas.

3.1. Generalidades

El punto 9.3 de la norma ISO 27001:2022 incluye el requisito de realizar una revisión por la dirección del SGSI. Esta revisión se tiene que practicar de forma periódica y programada y es el resultado de la Reunión de Revisión de la Gestión.

El objetivo de la revisión es supervisar la gestión de forma sostenida y los principales componentes del SGSI.

Para su realización, es necesaria la implicación de la dirección de la organización, ya que la norma comprende todo el organigrama, desde los escalafones más bajos, hasta la alta dirección. Con ello se conseguirá que el SGSI haga una aspersión de arriba hacia abajo en la organización.

La revisión por la dirección persigue garantizar que el SGSI y sus objetivos se mantengan adecuados y eficaces y que se revise la validez de los problemas y riesgos localizados en la organización. El objetivo final de esta revisión es evaluar los resultados de la gestión para ayudar en la adopción de decisiones estratégicas sobre la gestión de la SI.

- **Periodicidad**

  La norma expone que la revisión por la dirección debe realizarse de forma periódica, aunque no define cada cuánto tiempo deba llevarse a cabo. Sin embargo, si fija como requisito que estas se realicen de forma planificada y a intervalos regulares de cara a obtener unas conclusiones sobre el progreso y necesidades del sistema.

Aunque la norma plantee la regularidad de las revisiones, no será necesaria la misma frecuencia cuando se trate de un sistema maduro, que cuando el SGSI este cerca de su primera certificación, por ejemplo. Por ello, tal vez sea necesario que de inicio estas reuniones sean practicadas mensualmente y cuando el sistema lleve funcionando unos años, estas reuniones sean anuales. Todo depende de la cantidad de cambios del sistema y de su buen desempeño.

- **Participantes**

La alta dirección debe asumir su liderazgo en materia de SI y participar en las acciones relativas a la revisión por la dirección. Principalmente, aquellas personas con tareas y/o responsabilidades en el SGSI, pero también los propietarios de los activos o riesgos de la SI. Estas personas podrían ser gerentes, responsables de recursos humanos, directores de TI, responsables de SI, etc.

Las partes interesadas participan de forma indirecta a modo consultivo.

Es conveniente que se adapte el grupo de trabajo en función de los activos, riesgos y áreas abordadas en cada parte del proceso de revisión.

- **La agenda de revisión**

Es requisito de la norma la programación de las reuniones de revisión considerando los apartados de la norma obligatorios a revisar. Para ello hay que

1. Programar las reuniones de revisión de la gestión de todo el ciclo anual.
2. Registrar cada una de las reuniones de revisión en actas que se conservarán como información documentada.

3.2. Entradas en la RD

9.3.2 Entradas de la revisión por la dirección

La revisión por la dirección incluirá la consideración de:

a. El estado de las acciones de revisiones de gestión anteriores.

b. Cambios en cuestiones externas e internas que son relevantes para el sistema de gestión de seguridad de la información.

c. Cambios en las necesidades y expectativas de las partes interesadas que sean relevantes para el sistema de gestión de seguridad de la información.

d. Retroalimentación acerca del desempeño de la SI, incluyendo las tendencias en:

1. *No conformidades y acciones correctivas.*
2. *Resultados de monitoreo y medición.*
3. *Resultados de la auditoría.*
4. *Cumplir con los objetivos de SI.*

e. Retroalimentación de las partes interesadas.

f. Resultado de la evaluación de riesgos y estado del plan de tratamiento de riesgos.

g. Oportunidades de mejora continua.

Los apartados a considerar en la Revisión por la dirección (RD a partir de ahora), incluyen multitud de puntos como se muestra en el extracto de la norma que se ve arriba.

Estructurar la revisión por la dirección es útil de cara a cumplir con todos los puntos que se exige revisar. Es recomendable integrar los resultados de la revisión de la gestión con los que han sobrevenido de la auditoría interna y con la revisión del cumplimiento de los requisitos legales. De esta forma se consigue un análisis más amplio del SGSI.

Con la RD se trata de conglomerar de una forma sistemática las entradas de información de la auditoría interna, las acciones correctivas y su estado, el estado de las tareas propuestas en anteriores RD, los cambios producidos en el contexto de la organización, la evaluación de las partes interesadas, el estado de la gestión de riesgos, las mediciones y sus resultados en lo que a objetivos se refiere, el análisis de recursos, el análisis de fallas y las opciones de mejora.

En definitiva, al realizar las RD se persigue evaluar y decidir sobre las cuestiones relacionadas con las oportunidades de mejora continua y la necesidad de cambios en el SGSI. Por lo tanto, las decisiones que deben tomar se en las reuniones de revisión de la gestión deben estar relacionadas con:

- ⇨ Cumplimiento de los objetivos.
- ⇨ Mejoras necesarias.
- ⇨ Necesidad de cambios en el alcance.
- ⇨ Necesidad de cambios en los recursos, en los controles y procesos de SI.
- ⇨ Necesidad de modificar documentos principales.

3.3. Resultados de la RD

> ***9.3.3 Resultados de la revisión por la dirección***
>
> ***Los resultados de la revisión por la dirección incluirán decisiones relacionadas con las oportunidades de mejora continua y cualquier necesidad de cambios en el sistema de gestión de la seguridad de la información.***
>
> ***La información documentada tendrá que estar disponible como prueba de los resultados de la revisión por la dirección.***

Se puede decir que el RD hay que realizarlo de forma estructurada para que su lectura tenga sentido y pueda verse a simple vista su estructura e información.

Los resultados de la RD se exponen en un informe en el que se tratan los diversos puntos revisados. En la siguiente tabla se puede ver un ejemplo de estructura para reflejar la información referente a la RD:

Introducción	Motivo de la reunión
	Asistentes
Revisiones anteriores	Revisión de informes anteriores
	Estado de acciones precedentes
	Acciones completadas y abiertas
	Cierre de acciones
SGSI y gestión de riesgos	
Revisión del alcance y de los objetivos	
Desempeño y mejora continua	Objetivos
	Acciones
	No conformidades
Recursos, presupuestos y límites del sistema	
Registro de riesgos	Cubiertos
	Pendientes
	Residuales
Políticas y procedimientos de SI	
Mediciones de rendimiento	Métricas de rendimiento y KPI
	Análisis de resultados de incidentes y análisis causal
Cierre de la reunión	Acciones y propietarios
	Planificación temporal de acciones
	Fecha siguiente reunión

Resumen

- Es requisito de la norma establecer protocolos que permitan medir el rendimiento del SGSI. Estos protocolos se incluyen en un procedimiento operativo en el que se define qué, cómo, quién y cuándo se monitoriza de cada uno de los controles y procesos de la SI.
- Hay que asignar recursos al proceso de Seguimiento y control, así como establecer controles de seguimiento y definir las mediciones que se van a realizar sobre los mismos.
- El proceso de seguimiento, debe seguir las siguientes pautas: Mantener información documentada de los sistemas y procesos implicados, Practicar evaluaciones de riesgos, Elegir los que se monitoriza y mide, Crear informes de resultados, Desarrollar un proceso de revisión periódico, Establecer pasos de excepción, Mantener informado al equipo de revisión y Mantener una mejora continua.
- Las auditorías internas deben realizarse de forma planificada y regular de modo que permitan conocer la información del sistema referente a los requisitos de la organización para el SGSI y de la norma. Además, tiene que haber evidencias de que está implementado y mantenido de forma efectiva.
- La auditoría es el medio que tiene la organización de comprobar el SGSI y sus controles, previamente a la auditoría de certificación. Por ello, debe realizarse por personal que garantice su objetividad, independencia y conocimiento de la norma y de los requisitos relacionados. En el caso de que la auditoría interna sea realizada por personal de la organización con atribuciones en SI, las tareas relacionadas con esto no podrán ser auditadas por este auditor.
- La auditoría sigue un protocolo de actuación que se refleja en el Programa de auditoría y en el que consta la frecuencia y fechas de las auditorías, el alcance, la metodología a seguir, los roles y responsabilidades y los resultados de las auditorías previas.
- Tanto los programas de auditoría interna como los informes de auditoría deben ser guardados como información documentada.

- La norma tiene como requisito que la Alta dirección revise el SGSI de forma planificada de modo que se asegure que es adecuado e idóneo. De esta forma, es obligatorio practicar reuniones periódicas de revisión de la gestión. En ellas se supervisan los principales componentes del SGSI,

- Todas las personas con responsabilidades en la SI de la organización deben participar directa o indirectamente en la RD.

- Los objetivos de las RD pasan por comprobar que el SGSI está alineado con los objetivos de SI de la organización y con los requisitos aplicables. Además, se evalúan los cambios producidos en el contexto, en los recursos y en general en todo el sistema. También se analizan las evidencias de las auditorías internas y de certificación y el cumplimiento de requisitos de las partes interesadas y por último las oportunidades de mejora.

- La frecuencia es variable y depende de la organización y del grado de madurez del SGSI. Aunque por norma general, al principio de la implantación serán más frecuentes y con el tiempo se reducirán, pero se realizarán como mínimo anualmente.

- Es necesario planificar las reuniones de revisión de la gestión y sus informes se mantendrán como información documentada.

ICB
EDITORES

UNIDAD

1.10. Mejora

Contenido de la Unidad

- Recursos
- No conformidad, Acción Correctiva
- Resumen

ICB
EDITORES

1. Recursos

> *"10. MEJORA*
>
> *10.1. Mejora continua.*
>
> *La empresa mejorará de manera continua la idoneidad, la adecuación y la eficacia del SGSI."*

El de mejora es el último de los procesos a implementar en el SGSI y consiste en la integración sistemática de la mejora continua junto con el resto de procesos de la organización. Es muy importante que exista una implicación de la dirección y de los máximos responsables de la organización que demuestren un liderazgo "activo". (Enfatizamos el componente activo que ya debe estar incluido en el concepto de Liderazgo, pero esto afecta enormemente a que el proceso de mejora sea factible y eficaz en su aplicación). Este liderazgo tiene que mostrarse en las reuniones de gestión que se expusieron en el tema anterior.

En la mejora ha de estar muy implicado el proceso de comunicación, ya que va a ser el que posibilite la buena implantación de las medidas decididas para la mejora.

De lo que se acaba de decir se extrae que, tras el proceso de implantación y más concretamente de la revisión por la dirección y la auditoría interna, es necesario que la organización preste atención a la reparación de los hallazgos encontrados durante el proceso de revisión del sistema.

Por lo tanto, nos encontramos con la necesidad de gestionar los cambios que sean necesarios para los funcionamientos inadecuados que conducen a un incumplimiento de alguno de los requisitos del SGSI y que estas "aberraciones" no vuelvan a producirse, en la medida de lo posible.

Generalmente las no conformidades se identifican a partir de 3 procesos; aunque es posible encontrar otras posibles fuentes de información para la mejora del sistema, estas son las que aportan habitualmente más información en esta línea:

- ⇨ Gestión de incidentes: pueden ser de dos niveles, de tipo puntual o habitual. En el primer caso se tratará la causa del problema para evitar que vuelva a acaecer. En el segundo caso se tratará de un problema que implicará la necesidad de cambios en alguno de los procedimientos, en las políticas o en los recursos.
- ⇨ Auditoría: El proceso de control que ya definimos en un tema anterior, ya sea interna o de certificación, será una fuente de identificación de incidentes muy valiosa, para evaluar en conjunto el SGSI.
- ⇨ Comunicación: mediante la comunicación de origen interno o externo pueden identificarse incumplimientos de requisitos de partes interesadas o reportes de las mismas y del personal de la organización que ayudarán a la mejora del sistema.

Será el equipo de revisión de la gestión el encargado de conocer cada una de las fallas producidas y de diseñar e implementar acciones para atajarlas.

Una de las herramientas fundamentales para conocer estos problemas es la "no conformidad" que define el incumplimiento, desviación, incidente, brecha, falla o como queramos llamarle. Y para dar respuesta oportuna a la no conformidad se diseñan e implementan las acciones correctivas.

Además de las no conformidades, los objetivos de la organización en materia de seguridad de la información deben tener una trayectoria de mejora. Es decir, los objetivos deben ser medibles y apuntar a unos resultados mejores que los iniciales.

De cara a cumplir con el proceso de mejora continua es necesario que el SGSI cuente con políticas y procesos implantados, en funcionamiento y que además puedan evidenciarse mediante información documentada. En especial, habrá que prestar atención a la identificación de no conformidades en el funcionamiento rutinario de modo que se:

- ⇨ administren los incidentes.
- ⇨ efectúen auditorías periódicas.
- ⇨ desarrollen las políticas y procedimientos necesarios para la atención a las no conformidades.

- ⇨ lleve a cabo una mejora continua.
- ⇨ mantenga actualizada la información documentada de los incidentes.
- ⇨ controlen los cambios producidos en el SGSI para responder a las no conformidades.
- ⇨ mantenga el debido registro de incidentes y sus acciones correctivas.
- ⇨ recojan las decisiones tomadas por el equipo de revisión de la gestión al respecto de los hallazgos encontrados.

2. No conformidad, Acción Correctiva

"10.2. No conformidades y acciones correctivas.

Cuando ocurre una no conformidad, la organización debe:

- a. *Actuar ante la no conformidad en función de lo que sea necesario:*
  1. *Tomar acciones para controlarlo y corregirlo.*
  2. *Hacer frente a las consecuencias.*
- b. *Estudiar las necesidades de actuar para erradicar la causa de la no conformidad, para que no se repita. Para ello habrá que:*
  1. *Revisar la no conformidad.*
  2. *Determinar las causas de la no conformidad.*
  3. *Establecer si existe una no conformidad parecida o si podrían llegar a ocurrir.*
- c. *Implementar cualquier acción necesaria.*
- d. *Revisar la efectividad de cualquier acción correctiva tomada.*
- e. *Implementar cambios en el SGSI.*

Las acciones correctivas serán apropiadas para la no conformidad encontrada.

La información documentada deberá estar disponible como evidencia de:

- f. *La naturaleza de la no conformidad y cualquier acción implementada.*
- g. *Los resultados de cualquier acción correctiva."*

2.1. No Conformidades

Las no conformidades son incumplimientos de requisitos exigidos por la norma ISO 27001:2022 o por cualquier otro requisito de seguridad de la información (políticas, partes interesadas, legislación, normas aplicables...).

Las no conformidades se pueden agrupar en distintos tipos respecto a:

⇨ Requisitos o controles del SGSI: incumplimiento o mala implementación de los mismos.

⇨ Requisitos legales, contractuales o de acuerdo con el cliente.

⇨ Protocolos de procedimientos y políticas de la SI.

⇨ Requisitos de SI de los productos o servicios acordados con proveedores.

⇨ Proyectos: resultados que se desvían de los esperados.

⇨ Controles de la SI: incumplimiento de lo planificado, que se aplicados de forma incorrecta o que son ineficaces.

⇨ Actividades del SGSI: aquellas que sean ineficaces o no lo suficiente para los resultados esperados.

⇨ Clientes: quejas y denuncias de los clientes.

⇨ Partes interesadas: alertas de incumplimiento de requisitos.

⇨ Sistemas de monitorización: incumplimiento de los criterios de aceptación.

⇨ Objetivos: no se alcanzan.

Los responsables de identificar no conformidades son todas las personas que puedan encontrar un comportamiento anómalo y que podría implicar un incidente de seguridad de la información. Se comunicará cualquier anomalía a su responsable en materia de SI y se estudiará el caso para determinar si se trata de una no conformidad de la SI. Por otra parte, se ha comentado anteriormente que la identificación puede venir también de auditorías, revisiones por la dirección, detección en los controles o por información de alguna parte interesada.

También hay que implementar un procedimiento de gestión de las no conformidades que integre partes de otros procesos y partes propias:

⇨ Un registro de no conformidades y acciones correctivas.

- ⇨ El proceso de gestión de incidentes que sirva para generar cambios necesarios para atajar el origen de cada no conformidad.
- ⇨ El proceso de mejora continua que ordene la forma de producir cambios en el sistema para reforzarlo ante los incidentes.

Es necesario que se conozca lo antes posible cuando se produce un incidente, por lo que es fundamental que la comunicación sea eficiente y que priorice la información referente a las no conformidades.

Junto con la evaluación de riesgos relacionados con las no conformidades, es necesario considerar que existe siempre un riesgo de que aparezcan nuevas no conformidades nuevas que no estén identificadas o posibilidades que no se habían contemplado anteriormente al respecto de estas.

Las no conformidades deben identificarse y numerarse con alguna codificación para que no puedan confundirse con otras abiertas. Igualmente se aplica una codificación a las acciones correctivas. Estos códigos harán mención al proceso del SGSI al que afectan y será descrito el motivo por que se incumple un requisito.

2.2. Acciones Correctivas

Las acciones correctivas son las acciones que se desarrollan para corregir y evitar que vuelva a ocurrir la no conformidad. Para cada no conformidad pueden desarrollarse una o varias acciones correctivas y estas últimas deben estar destinadas a abordar las consecuencias del incidente y sus causas.

En caso de que una acción correctiva no pueda eliminar o atajar la no conformidad porque la organización no tenga capacidad económica o material, la dirección debe asumir y aprobar el riesgo residual que supone dicha no conformidad.

Será necesario desarrollar una política para este proceso concreto que sirva como referencia para la gestión de las no conformidades y las acciones a emprender.

El proceso a seguir para el tratamiento de las no conformidades se estructuraría (de forma genérica) más o menos así:

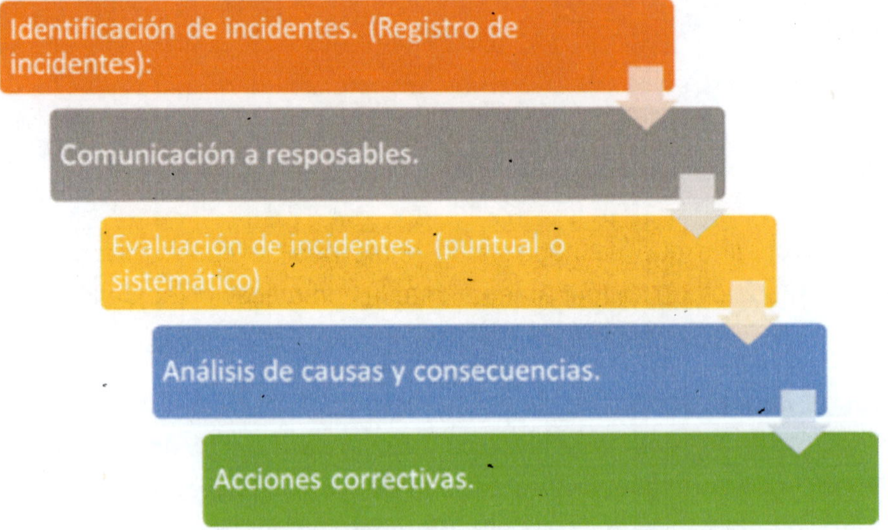

Desarrollando un poco el proceso de tratamiento de las no conformidades se puede hablar de actividades esenciales para ello:

- **Identificación de incidentes**

  Será necesario establecer objetivos de cara a cumplir con los principios de la SI (confidencialidad, integridad, disponibilidad y autenticidad). Esto implica registrar datos referentes a:

  - Aviso de malware.
  - Intento de acceso no autorizado.
  - Vulnerabilidad por email.
  - Uso inadecuado de equipos.
  - Detección de denegación de acceso.

- **Comunicación a responsables**

  Será recomendable estar en contacto con entidades de ciberseguridad ya que esto permitirá estar mejor informados de la situación de los riesgos del sector de la organización. De esta forma aumentará la capacidad de identificación de amenazas y aumentan las posibilidades de realizar una gestión adelantada de los riesgos, antes de que se materialicen.

- **Evaluación de incidentes**

  Respecto a las no conformidades existen una serie de requisitos de la norma orientados a eliminarlas y que se componen de acciones inmediatas. Estas serían (en referencia a las no conformidades):

  - Alcance e impacto.
  - Acciones correctivas para mitigar y/o limitar su impacto.

  Las acciones correctivas deben ser planificadas y es posible automatizar el proceso de gestión cuando se detectan indicios de incidentes, en estos casos es recomendables activar los protocolos de prueba.

  Aunque las acciones correctivas están diseñadas para un fin resolutivo, a veces pueden generar problemas propios por distintos motivos que pueden dificultar el funcionamiento de algunas áreas de la organización. Por tanto, habrá que:

  - Comunicar a las personas implicadas las tareas que se van a realizar dentro de cada acción correctiva para que se realicen correctamente.
  - Implantar las correcciones propuestas.
  - Monitorizar el efecto de las acciones implantadas contemplando posibles efectos no deseados de las mismas.
  - Implantar nuevas medidas en caso de que sigan produciéndose incidentes de este tipo.
  - Comunicar las acciones correctivas y sus resultados a las partes interesadas implicadas en los procesos afectados.

- **Análisis de causas y consecuencias**

De cara a un manejo efectivo de las no conformidades es necesario considerar los Análisis de causas y consecuencias. Para tal fin, habrá que poner énfasis a algunas actividades:

⇨ **Buscar antecedentes de la no conformidad** para encontrar alguna similar que pudiera tener el mismo origen. Más que análisis de causas es de comportamiento, pero este permite aplicar el conocimiento de estos para conocer pautas y buscar soluciones.

⇨ **Decidir cómo actuar.** En cada caso, el protocolo de actuación será diferente en función del conocimiento y de los medios de la organización. Sin embargo, hay que decidir cuál va a ser el proceso de toma de decisiones de cara a aplicar las acciones correctivas. En Para ello, habrá que asignar responsabilidades y recursos, además de definir la forma de validación las acciones y tareas.

⇨ **Analizar las causas.** El proceso de análisis permitirá desarrollar las acciones adecuadas para eliminar la posibilidad de repetición de las misma, ya que se actúa sobre la causa.

Hay diversas opciones de análisis causal, pero cualquiera de ellas tiene como objetivo conocer la siguiente información:

1) Los fallos producidos.

2) Los incidentes adversos (identificados o no).

3) Los problemas superficiales que han generado.

4) Los problemas raíz.

⇨ Análisis de consecuencias. Hay que evaluar la necesidad de cambio en el sistema, incluyendo en caso necesario nuevos indicadores o modificando metas y procesos con el fin de adaptarse al grado de amenaza.

- **Acciones correctivas**

La última fase del proceso implica la determinación de acciones que ataquen directamente a la causa raíz. Las decisiones deben estar vinculadas con la causa raíz y con los recursos y capacidades de la organización. Una vez conocida la causa de la no conformidad, la organización debe emprender las acciones desarrolladas para atajarla. Será necesario que los responsables de las áreas afectadas aporten soluciones que las impliquen en la toma de decisiones. Las causas pueden venir directamente de departamentos técnicos o bien de cualquier usuario del SGSI que no haya asimilado correctamente las políticas de seguridad de la información que le afectan.

Con el fin de implementar acciones correctivas es necesario priorizar los esfuerzos y recursos a las áreas de mayor concurrencia y/o riesgo, además de focalizar la atención en aquellas donde los incidentes son más frecuentes y/o donde son de mayores consecuencias.

Una posibilidad para priorizar la actuación es mediante la aplicación de una matriz de impacto en la que se valora la probabilidad de ocurrencia y las consecuencias potenciales de un evento. De esta forma se pueden establecer la prioridad de actuación sobre los distintos riesgos. A continuación, vemos un ejemplo esquemático de una matriz de impacto de riesgo:

	IMPACTO				
PROBABILIDAD	Catastrófico	Mayor	Moderado	Menor	Aceptable
Muy probable	25	20	15	10	5
Probable	20	16	12	8	4
Posible	15	12	9	6	3
Improbable	10	8	6	4	2
Muy improbable	5	4	3	2	1

Para evaluar la prioridad que hay que asignar a unas acciones sobre otras, en este caso se han evaluado la probabilidad de ocurrencia, asignando valores de 1 a 5, considerando el mínimo 1 y 5 el máximo. A continuación, hemos hecho lo propio con el grado de impacto que causaría el incidente.

La fórmula sería Prioridad = Impacto * Probabilidad. Se han asumido valores de 1 a 4 como insignificantes, de 5 a 12 como medios y mayores de 12 se han considerado como prioritarios.

Finalmente, hay que evaluar si las acciones correctivas han mitigado las causas raíces de la no conformidad y con ello mitigado su riesgo, o si por el contrario sigue habiendo posibilidades de recurrencia.

Si nos fijamos bien, en el proceso descrito podemos ver similitudes con la Evaluación de riesgos que se explicó en un tema anterior. Pues bien, el sentido de este parecido es que el enfoque de riesgo está presente en el trato de las acciones correctivas y, por tanto, se realiza de la misma forma el proceso para abordar las no conformidades.

Esto nos lleva a la conclusión de que para el desarrollo de acciones correctivas será necesaria una evaluación de los riesgos relacionados con la no conformidad de origen y otra evaluación del proceso a seguir en la puesta en marcha de acciones para su prevención y anulación.

En los momentos iniciales de la implantación del SGSI es muy probable que las no conformidades sean muy superiores a la capacidad de la organización para emprender acciones que mitiguen todos los riesgos y que no volvieran a suceder. Por tanto, se deberán priorizar los medios para mejorar la situación con los más críticos. Posteriormente se mejorará el desempeño general del sistema para abarcar todas las no conformidades.

Resumen

- La organización debe mejorar de forma continua el SGSI, de modo que este sea cada vez más adecuado, eficaz e idóneo. Esta debe integrarse sistemáticamente en el sistema con el resto de procesos del SGSI.
- La organización debe atajar los problemas encontrados en los procesos de revisión por la dirección y de auditoría. Con esto se persigue cumplir con los requisitos de la organización en materia de SI.
- La mejora continua responde a los hallazgos de tres procesos: gestión de incidentes, auditoría y comunicación. Aunque también hay que aplicar la mejora continua al establecimiento de los objetivos de la SI.
- Las no conformidades son incumplimientos de requisitos exigidos por la norma ISO 27001 y de cualquier área de la seguridad de la información de la organización.
- Todas las personas de la organización, así como las partes interesadas deben reportar comportamientos anómalos. El responsable de la SI debe recoger la información reportada sobre incidentes y decidir si suponen o no una no conformidad.
- El proceso de gestión de no conformidades debe identificarlas, registrarlas, evaluarlas y aplicar un proceso de mejora continua. La agilidad en la comunicación de anomalías y su rápida gestión es fundamental para un eficaz tratamiento.
- Las no conformidades deben documentarse y cada una debe ser codificada. Además, hay que recoger información sobre ellas en el correspondiente registro.
- Las acciones correctivas son las que se desarrollan para corregir y evitar que la no conformidad vuelva a ocurrir. Para cada no conformidad se abrirá como mínimo una acción correctiva.
- La gestión de acciones correctivas se desarrolla igualmente a través de un procedimiento que tiene que integrar la identificación de incidentes, la comunicación a responsables, la evaluación de incidentes, el análisis de causas y consecuencias y las acciones correctivas que se van a aplicar.

- Las acciones correctivas tienen que atacar directamente a la causa raíz de la no conformidad y son el fruto del trabajo en equipo de los responsables de SI de cada área, el responsable de SI general y la dirección.
- La prioridad de las acciones correctivas es resultado de una evaluación de los riesgos a los que se enfrentan. La dedicación de recursos debe organizarse conforme a la escala de prioridades obtenida.
- Por último, habrá que estudiar si las acciones correctivas han obtenido los efectos deseados. En caso contrario, es necesario comenzar con el proceso de acciones correctivas de nuevo.
- La mejora continua afecta a cada uno de los procesos del SGSI, así pues, podemos decir que la mejora continua debe ser aplicada al proceso de mejora. Esto quiere decir que cada vez se debe ser más exigente con los resultados de las acciones correctivas y que estas consigan la mitigación de los riesgos.

BIBLIOGRAFÍA

- IT Governance: An International Guide to Data Security and ISO 27001/ ISO 27002. Calder, A.; Watkins, S. Kogan Page. 2019
- Seguridad informática básico. Gómez Vieites, A. Colecciones ABG. 2020.
- Guía de transición ISO 27001:2022. NQA. Organismo de certificación global. 2022.
- ISO 27001:2022. International organization for standarization. 2022
- ISO 27001:2022 Guía práctica de implementación. Viteri Peñafiel, C. 2022
- ISO 27001 handbook: Implementing and auditing an information security managemet system in small and médium-sized businesses. Cees van der Wens. Brand new books. 2022
- Information security risk managemente for ISO 27001/ISO 27002. Calder, A.; Watkins, S. G. IT gobernance publishing. 2019.
- ISO 27000:2022. International organization for standarization. 2022
- Lo que necesita saber sobre la norma ISO 27001:2022. Webinar. 2022
- Mastering ISO 27001:2022. Atef, M. 2023

ICB
EDITORES